THE RULES OF EVERYTHING

RICHARD TEMPLAR

リチャード・テンプラー

桜田直美 訳

できる人の最強ルール101

Discover

はじめに　すべての人に成功と幸福をもたらす最強のルール

『できる人の最強ルール101』へようこそ。なかなか大仰なタイトルだと思うだろうか？　最強、しかも101個も……。

そもそも、ここで言う「ルール」とはいったい何だろう？　今から20年近く前、私は『できる人の仕事のしかた』（ディスカヴァー刊）という本を書き、もっとも重要なルールを100個ほど紹介した。どれもキャリアにとって欠かせない存在だが、誰も教えてくれない暗黙のルールだ。それらは、守るべき態度であり、考え方だ。

私は人間観察をライフワークにしている人間のひとりであり、あの本に書いたルールはすべて、自分の仕事人生で観察したことが基盤になっている。私自身、これらのルールを守り、仕事で成功することができた。

結局私は会社勤めをやめて、文章を書く道に進んだ。その際、気づいたのは、他の人たちも、私が発見したルールに興味を持つかもしれないということだ。『できる人の仕事のしかた』はそうやって誕生した。

驚きのルール、予想外のルールもいくつかあるが、ほとんどのルールは、「考えてみれば当たり前」という範疇に分類される。ところがたいていの人は、日々の忙しさにかまけて、そもそも考えるということをしない。だからこそ、ルールをまとめた本に需要があったのだろう。あの本に書かれたルールは、驚きの新発見というよりも、むしろ常識の再確認のようなものだ。

『できる人の仕事のしかた』は、予想をはるかに上回る成功を収めることができた。本当に多くの読者が、ルールに価値を見いだし、自分でも実践するようになってくれた。そして嬉しいことに、私のもとには、ルールのおかげでキャリアが向上したという知らせが舞い込むようになった。

そこで今度は『できるリーダーの仕事のルール』、『できる人の人生のルール』、『できる人のお金の増やし方』、『上手な愛し方』（いずれも、ディスカヴァー刊）などを執筆した。現在のところ、「Rules シリーズ」は全部で10冊（The Rules of Living Well のみ未邦訳）になる。この10冊を合わせれば、人生のほぼすべての領域をカバーしていると言っていいだろう。

当然、次の一手は、もっとも役に立つルールの中からさらに選りすぐりのルールを集めて一冊の本にまとめる、ということになる。このシリーズの読者であれば、人生のさまざまな側面においてもっとも効果的な「最強のルール」が100個以上書かれた本となれば、投資する価値は十分にあるということが理解できるはずだ。

私たちの中には、親ではない人もいれば、リーダーではない人、お金持ちになることを目指していない人もいる。自分の人生に当面は関係ない分野も含まれているなら、10冊も本を買う余裕はないかもしれない。しかし、だからといってそれらのルールを知らなくていいというわけではない。

そこで本書では、シリーズの10冊の本から、一冊につきもっとも重要な10個のルールを集めて、「最強のルール」としてまとめている。本書を読めば、すべてのルールの全体像をつかむことができるというしくみだ。

あなたはおそらく、「そのもっとも重要な10個のルールは誰が選ぶんだ?」と思っていることだろう。私自身も、ベスト盤のようなこの本を作るにあたり、その答えを知りたいと思った。そんなとき、尋ねるべき相手は決まっている――そう、読者のみなさんだ。

ルールを実践する彼らは、長年にわたってこのシリーズを支えてきてくれた。本が最初に出版されたイギリスだけにとどまらず、日本、イラク、タイ、ブラジル、アメリカ、ウガンダ、インド、ヨーロッパ各国など、世界中に広がっている。

そこで私は、読者の意見を参考にすることにした。彼らのメッセージやネットへの投稿を読み、私のフェイスブックをフォローしてくれているすべての読者に、いちばん好きなルールは何かと尋ねた。

投票の結果、シリーズそれぞれのトップ10ルールが出そろった。いや、実際はそこまで単純なプロセスだったわけではなく、少しは私の手も加わっている。たとえば、得票数だけでトップ10がきれいに決まらないこともあった。同じ得票数のルールがいくつかあった場合は、同じ得票数の中から私の判断で選ぶことになった。

「最強」を自称するからには、役に立つルールを紹介しなければならない。それがいちばん大切なことだ。基本的には読者による投票をもっとも重視しているが、本当の意味で役に立つ一冊にするために、私の選別や判断も少しだけ加わっている。

本書には10のチャプター(章)がある。シリーズは10冊なので、1冊につきひとつのチャプターだ。その順番についてはかなり考えた。しかし最終的に、出版された順番に合わせるということで落ち着いた。

そのため、『できる人の仕事のしかた』のルールから始まっている。チャプター内のルールの順番も、元になった本の順番にならっているが、関連するルールは隣に並べるなどのちょっとした工夫は加えている。

この本を編纂し、どのルールがもっとも読者の心に響いたかを知ることができたのは、著者にとってとても大きな喜びだった。本書に掲載された以外にも大好きなルールがあるという人は、それが私の本のルールでも、あなたが自分で発見したルールでも、私のフェイスブックを通してぜひ教えてもらいたい。

リチャード・テンプラー
www.facebook.com/richardtemplar

本書の使い方

いくら幸せで成功した人生を送るためとはいえ、１０１個ものルールが書かれた本を読むのは大変そうだと思う人もいるかもしれない。

そもそも、どこから始めればいいのだろう？　１０１個のうちのいくつかはすでに実行しているかもしれないが、残りの数十個のルールを一度にすべて覚え、まとめて実践するなんて、はたして可能なのだろうか？

安心してほしい。その必要はない。覚えておいてもらいたいのは、これは強制ではないということ。ルールを実践するのは、あなたがそうしたいからだ。無理のない範囲で行っていけば、やりたいからやるという気持ちをずっと維持することができるだろう。

ルールを実践していく方法は、自分で決めて問題ない。しかし、もしアドバイスが欲しいというのなら、私のおすすめの方法を紹介しよう。

まず本を通して読み、自分がこれを実践したら大きな変化につながると感じるルールを5つ選ぶ。あるいは、最初に読んだときに特に印象に残ったルールや、手始めにやってみるのにちょうどいいと感じたルールでもいい。そして、選んだルールをノートに書き出す。**今から2週間、この5つのルールをとにかくやってみる。ルールの行動に慣れ、無理にやっている感じがなくなるまで続ける。**これでルールが習慣になる。

次に、またルールを5つ選んで同じようにやってみる。新しく挑戦するルールを、またノートに書き出そう。

すばらしい。これで大きく前進した。この調子で続けよう。急ぐ必要はまったくないので、自分のペースでかまわない。

そうこうするうちに、自分にとって助けになるルールを自在に使いこなせるようになっているだろう。そしてすっかり習慣になったルールもますます増えていく。

気がつけば、あなたの人生は加速度的に変化を遂げていくだろう。おめでとう。

『できる人の最強ルール101』目次

Chapter 1

できる人の仕事のしかた

Chapter 2

できるリーダーの仕事のルール

Chapter 3

できる人の人生のルール

Chapter 4

できる人のお金の増やし方

Chapter 5

幸せな人の子育てのルール

Chapter 6

上手な愛し方

Chapter 7

できる人の自分を超える方法

Chapter 8

できる人の人を動かす方法

Chapter 9

できる人の考え方のルール

Chapter 10

できる人のよりよく生きるルール

Chapter 1

できる人の仕事のしかた

『できる人の仕事のしかた』は「Rulesシリーズ」の栄えある第一作だ。
私自身、さまざまな規模の会社組織で長年にわたって働いてきた。
どの組織にもある種のヒエラルキー構造があり、
そこで働く人のほぼ全員が、出世の階段をのぼることを目指している。

私は組織のトップの人たちの言動を注意深く観察した。
確実に成功するために、周囲から尊敬され、称賛されるために、
彼らは何をして、何をしていないのか。彼らの共通点は何か。
観察で発見したことを、自分でも実践した。
すると、私もまた出世の階段をのぼり始めたのだ。

ここで紹介する10個のルールは、
読者も私も「もっとも役に立つ」と認めたものばかりだ。
ちなみに、もっとも得票数が多かったルールは、
仕事をするうえで基本中の基本でもある
「控えめに約束し、約束以上の仕事をする」だ。

The Rules of Work

Rule 1

自分の存在感を際立たせる

あわただしく働いていると忘れてしまいがちだが、オフィスであなたの存在感を際立たせるというのは大切なことだ。**自分の手柄をきちんと周りに気づかせることで初めて、あなたは一目置かれるようになり、ひいては昇進のチャンスにもつながる。**

もし、あなたがたくさんの雑務をこなしていたとしても、周りの人も同じように雑務をこなしているなら、それ以上がんばったとしても、人目にとまることはない。

しかし、ここで職場全体の能率を上げる方法をレポートにまとめて上司に提出したら、とたんに一目置かれる存在になれる。

上司に言われたからではなく、自主的にレポートを提出する——。これは、自分の存在に気づいてもらうすばらしい方法だ。自分の頭で考え、臨機応変に率先して行動することができる人物だという証拠にもなる。

ただし、あまり頻繁に行うのはかえって逆効果だ。ここで失敗しないためには、次のルールを守る必要がある。

- **レポートを提出する回数を制限し、本当に役に立つレポートだけを提出する。**
- **作成者である自分の名前をきちんと、目立つように書いておく。**
- **直属の上司だけでなく、その上の上司にも見てもらえるようにする。**
- **独自のレポートでなくても、役立つ情報や記事を選んで提出するだけでもいい。**

もちろん、気づいてもらえる存在になる最良の方法は、自分の仕事を誰よりもうまくやることだ。そして、**仕事をうまくやる最良の方法は、仕事にすべてを捧げること、これしかない。**

社内政治、ゴシップ、駆け引き、無駄な時間つぶし、人付き合いなど、仕事の本質とは関係のないあれこれ……、これらはすべて仕事ではない。

本当の仕事にだけ集中していれば、他の同僚たちをリードすることができる。

Rule 2

努力を他人に見せない

ヴァージン・グループ会長のリチャード・ブランソンはビジネス界のプレーボーイのように思われている。気球を飛ばしてみたり、宇宙旅行を実現させたりと、いつも気楽な遊び人で、突拍子もないことばかりするエンターテイナー。

彼がデスクに向かっている姿も、電話に出ている姿も、書類仕事をしている姿も見たことはないが、彼も間違いなくそうした仕事らしい仕事もしている。ただ、それを見せないだけだ。

本当に仕事ができる人になりたいなら、ブランソンのようなイメージを目指すべきだ。毎日明け方近くまで勉強や仕事をしていたとしても、そんなことはおくびにも出さない。週末や、有給休暇を取った日に働いていたとしても、そんなことを口に出したりしない。周囲の目に映るあなたは、鼻歌でも歌いながら仕事をやっているような、お気楽な人物だ。何でも楽々と片づけているように見える。

仕事のできない人がこのルールを実践したら、大失敗に終わるだろう。それでは、そこまで仕事ができるわけではない人は、いったいどうしたらいいのだろうか？

それは、がんばって仕事ができる人になるしかない。**学び、勉強し、経験を積む。知識を蓄え、本を読み、質問をして、仕事のすべてを自分のものにするのだ。**

- **仕事の期限の延長は絶対に頼まない。**
- **仕事が自分の手に負えないということを認めてはいけない。**
- **仕事が大変だとグチや文句を言わない。**
- **できないものはきっぱり断り、仕事を抱えすぎない。**
- **必死な姿を見せず、効率を上げ、負担を減らす方法をつねに考える。**

こうした努力をしながら力をつけて初めて、クールでお気楽なイメージを演出することができるのだ。

Rule 3

自分なりの行動規範を決める

あなたは夜よく眠れるだろうか？　私はいつも熟睡だ。それは私が、絶対に破らないと決めている自分なりの基準を持っているからだ。

●自分のキャリアのために、他の人間を傷つけたり、妨害したりしない。
●出世のために法律を破ることはしない。
●何があっても必ず守る道徳規準を持っている。
●自分の仕事によって社会に前向きな貢献をすることを目指す。
●恥ずかしくて子供に話せないようなことはしない。
●いつも家族を第一に考える。
●夜と週末は仕事をしない。例外は緊急事態で、かつパートナーと話し合った場合だけ。
●仕事を手に入れるために他人を踏みつけにしたりしない。

- **つねに周囲への恩返しを心がける。**
- **自分のスキル、知識、経験を、惜しみなく分け与える。情報の独り占めはしない。**
- **同じ業界の人たちの成功に嫉妬しない。**
- **普段の行動が長期にわたって与える影響をつねに考える。**
- **いつもルールを守って行動する。**

以上の行動規範は、私が自分で決めた個人的な基準だ。あなたには合わないかもしれないし、あなたも自分の行動規範をすでに持っているかもしれない。

あなたの基準が私の基準と違うのはかまわないが、**これよりゆるい基準はおすすめしない。つねに最高の自分を目指していってもらいたい。**

Rule 4

自分だけの特技を持つ

以前に同僚だったマイクは、誰も知らないような顧客の情報にやたらと詳しかった。顧客の子供の名前や、休暇の旅行先、顧客の配偶者の誕生日に、好きな音楽、好きなレストランまで知っている。

やがてマイクは顧客情報のエキスパートとして知られるようになった。私たちはみな、顧客と会う前に必ず「何かいい情報はないか？」とアドバイスを求めるようになった。

マイクは〝自分だけの仕事〟を作り上げたのだ。顧客の趣味や好みを知ることは、別に彼の仕事ではなかった。それでもマイクは、人知れず努力をして、貴重な知識を身につけた。彼の特技はすぐに上層部の知るところとなり、あっという間に昇進した。**たったひとつの特技を身につけただけで、とても大きな見返りを手にしたのである。**

ただし、「たったひとつの特技」とはいえ、身につけるにはかなりの努力が必要だ。それに、特技なら何でもいいというわけでもない。役に立つものを賢く選ぶことも大切だ。

〝自分だけの仕事〟を作るとは「まだ誰も手をつけていないが、組織全体にとって役に立つ分野を見つけること」だ。

それはもしかしたら、表計算ソフトや報告書の達人になるといった単純なことかもしれない。またはマイクのように、誰も知らない情報に詳しくなることかもしれない。予算に詳しい、システムに詳しいといったことも、貴重な能力になる。

〝自分だけの仕事〟を持っている人は、幅広い活動をすることができる。行き先や仕事の内容を誰にも言わず、いろいろなところに出かけることができる。その結果、目立つ存在になる。周りから、自由に動くことのできる特別な人だと思われるようになる。

自分だけの特技を持てば、直属の上司だけでなく、他のさまざまな人たちからも注目してもらえる。たとえば、よその部署の上司などだ。

上司は、上司同士でよく情報交換をしている。そのときにあなたのことが話題になれば、必ずほめてもらえるだろう。よその部署の管理職からほめられたら、上司も、あなたを昇進させないわけにはいかなくなる。自分だけの特技を持つことで、そんな好循環が生まれるのだ。

Rule 5

控えめに約束し、約束以上の仕事をする

水曜までにできるとわかっているなら、必ず金曜までに仕上げると言おう。1週間でできるときは、2週間と言おう。**これはウソをついているのではない。ただ慎重な態度をとっているだけだ。**

この行動パターンが周りにも気づかれたら、堂々と認めてしまおう。ただ「不測の事態を計算に入れているからだ」と説明すればいい。それで文句を言う人はいないはずだ。

「控えめに約束する」、これがルール5の最初の半分だ。そして残りの半分は「約束よりもいい結果を出す」こと。実はこちらのほうが大切だ。

たとえば、スタッフを2人増員するだけで日曜の夜までに展示ブースを設置すると約束したなら、それを実行するのは当然だ。それに加えて、最大のライバルを展示会から撤退させるくらいのことをしておきたい。

もちろん、やりすぎないように注意することも大切だ。自分の権限を越えたことにまで

手を出してはいけない。

言うまでもないことだが、あまりにも見え透いた作戦になってしまうとかえって逆効果だ。「またいつもの作戦か」と思わせるのではなく、嬉しい驚きを提供するのが大切だ。

たまには「できない人」のふりをするのも効果的だ。

新しいテクニックやソフトウエアについて、本当は裏も表も熟知しているのに、知らないふりをするのである。「困ったな」などと言いながら、誰も使えない表計算ソフトを駆使して予算を完成させれば、周りはびっくりしてあなたに一目置くだろう。

ここで守らなければならない鉄則がある。それは、**約束以下の仕事は絶対にしないということだ。期限は必ず守り、できると言ったことは必ずやる。**そのためには、徹夜することもあるだろう。

時間が必要なら、最初に話し合っておくべきだ。多くの人は、嫌われたくないばかりに、言われたとおりの期限で同意してしまう。安請け合いし、結局は約束を守れなかったら、最初は「ちょろいヤツ」と思われ、後で「できないヤツ」と思われてしまうのだ。

Rule 6

長期の目標を立てる

あなたの人生のプランは、どうなっているだろう？

実は、ほとんどの人が人生のプランを考えない。だからほとんどの人は成功できない。人生のプランを持たなければ、ただ流れに身をまかせ、行き先もわからず漂っていくことになる――人生の漂流者だ。なんとも悲しい生き方ではないだろうか。

もちろん、人生に不測の事態はつきものであり、自分の力ではコントロールできないことも起こる。しかし、はっきりしたプランがなければ、予定外の出来事が起こりそうなサインをすばやく読み取り、前もってプランに修正を加えておくこともできない。

最近話したある人が、「人員削減があるなんて、誰が予想できただろう」と言っていた。その答えは「自分の業界の現状をきちんと見て、先行きを考えている賢い人間」だ。

仕事で成功したいと考えているのなら、自分が働く業界についてよく調べ、業界特有のゲームプランを知っておくといいだろう。そして、**その業界で目標の地位に到達するためにはどんなステップが必要かを考える。**

ステップはたいていの場合、平社員、中間管理職、上級管理職、経営陣の4つだけだ。

まずは、それぞれのステップで、自分が達成したいことは何かを考えておく。たとえば、経験を積みたいのか、責任ある仕事をしたいのか、新しいスキルを身につけたいのか、または人を管理する仕事に対する理解を深めたいのか。

気づいた人もいるかもしれないが、ここでは「収入を増やす」という選択肢はない。収入を増やすのは当たり前で、わざわざ書くようなことではないからだ。

次に、それぞれのステップをクリアするために必要なことは何かを考える。それは、別の部署に異動することかもしれないし、他の支店に転勤することかもしれない。各ステップをクリアする方法がわかってしまえば、それを実行するのは意外と難しくないものだ。

そして、**最終目標を必ず決めておくこと。どんなに高い目標でもかまわない。**

たとえば、総理大臣、CEO、世界一の金持ちでもいい。想像力に限界を設けたら、自分にふさわしいものよりも下のレベルで満足することになってしまう。夢に限界を設けてはいけない。

Rule 7

うわさ話を広めない

「おい、知ってるか？　この前の全社会議のときに、経理のスティーヴがマーケティングのデビーの部屋から出てくるのを見た人がいるらしいぞ。日曜日の早朝だ。あのふたりは店で一緒にランチしているところも見られているし、エレベーターの中でも手をつないでいたんだって。スティーヴは結婚しているだろう？　それにデビーにも婚約者がいたはずだ。これはやばいんじゃないか？」

「それが私に何の関係がある？」

たしかにその通り。あなたには何の関係もない。スティーヴがあなたの上司で、仕事に支障をきたしているか、あなたがデビーの婚約者なら話は別だが、そうでないならどうでもいいことだ。

このルールは「うわさ話を聞く」のを禁じているわけではない。このルールで守らなければならないことは、ひとつだけ。**「聞いたことは誰にも話さない」ことだ。**

ゴシップの鎖はすべてあなたのところで途切れる。何も意見を言わなくても、とにかく話を聞いていれば、相手には仲間だと思ってもらえる。相手の話にわざわざ不快感を示す必要はない。ただ誰にも伝えなければいいだけだ。

うわさ話はヒマ人のためにある。ろくに仕事をしていないか、頭を使わない仕事しかしていないかのどちらかだ。仕事で頭を使わないので、どうでもいいおしゃべりを楽しむしかないのだ。

問題は、もしゴシップの輪に入らなかったら、つまらない堅物、優等生ぶっているなどと思われてしまうことだ。だから、**仲間に見せかけておいて、実際はまったくうわさ話に参加しないという技を身につけなければならない。**

うわさ話をあからさまに嫌うような、潔癖な人間になるのも禁物だ。何事においてもそうであるように、ここでも分別がカギになる。うわさ話を非難してはいけない。ただ自分からは何も言わず、聞いたことは誰にも伝えなければいい。

Rule 8

仕事を人生のすべてにしない

仕事はあなたの健康とイコールではない。恋愛、家族、子供でもない。魂や人生そのものでもない。もしこれらと仕事が一体になっているのなら、あなたはどこかで大きく道を間違っている。

たしかに仕事で稼がなければ生きていけないが、仕事は仕事でしかない。仕事で何かうまくいかなかったからといって、次のような事態になってはいけない。

- **ストレスで眠れない。**
- **食欲や性欲が減退する。**
- **タバコやアルコールの量が増える。**
- **ドラッグをやる。**
- **怒りっぽくなったり、抑うつ状態になったりする。**

仕事が理由でこうした状態に陥ってしまう人は、驚くほど多い。たしかに、うまくいかない日が何日も続けば、こうなるのも無理はない。

しかし一日ずつ見てみれば、その日はただの一日でしかない。一日が終わったら気分を切り替え、リラックスすることが必要だ。もっと広い視野で物事を眺め、うまくいかない日を楽しめる余裕を持ちたい。

とにかく自分の人生を生きることだ。趣味を持つのもいいだろう。**あなたは生きるために働いているのであって、働くために生きているのではない。**

仕事は家に持ち帰らないこと。きっぱり「ノー」と言える人になろう。そして、**人生の大切なことに時間を使おう。**

私がいちばん大切にしているのは家族だ。特に子供はあっという間に成長する。仕事にかまけてばかりいたら、貴重な子供との時間を失ってしまう。育児の真っ最中は、いつまでも大人にならないと思うかもしれないし、ストレスがたまることもあるかもしれない。しかし、気づいてみたらあっという間で、もう二度と取り返すことはできないのだ。

仕事はただの仕事にすぎない。そのために、大切な時間を捨てていないだろうか？

Rule 9

他の人がすることを非難しない

同じ部署のスタッフ全員でまたワインバーに行くようだ。正直なところ、もういいかげんにしてほしいとあなたは思っている。タバコの煙が漂う混雑してうるさい店で、昨夜のテレビの話や同僚のうわさ話をするのは、もううんざりだ。

この気持ちをそのまま彼らに話すだろうか？　もちろん、話してはいけない。

あなたは職場の一員として、周囲に溶け込む必要がある。実際に一緒に行かなくても、あなたの魂は彼らとともにワインバーにある。それが仲間というものだ。あなたはただ、買い物がある、友達を訪ねる、スポーツジムに行くなどと言って断ればいい。

職場の人たちが、勤務外の時間をどうすごそうと、それに意見してはいけない。批判めいたことを口にしたら、仲間ではなく外部の人間だとみなされてしまう。

会社に残って仕事を片づけるという言い訳もいけない。付き合いの悪い会社人間だと思われる。買い物があるという理由なら大丈夫だ。そうして、どこかでサンドイッチでも食べながらくつろげる場所を見つければいい。もちろん、膝の上にはノートパソコンだ。こうすれば仕事を片づけられるし、彼らにばれることもない。

「あとで顔を出すから、私抜きでやっててくれ」あるいは「私の分も飲んでてくれ」――こう言うのが正しい。実際に仲間に入ることなく、ワインバーご一行様の仲間だと思わせることができる。**あからさまに非難しなければ、仲間だと認められるのだ。**

ぐっとこらえて、実際にワインバーに行くという選択肢もある。行ってみれば意外と楽しいかもしれない。ともかく、あなたは周りに溶け込み、同僚の行動を批判しているようなそぶりは一切見せない。それが賢明な行動だ。

他の人が余暇の時間をどうすごそうと、人生をどう生きようと、あなたには関係のないことだ。**自分が進む道に集中し、他の人が選んだ道をいちいち気にすることはない。**気にしなければ、批判する気は起こらない。批判をすると、あなたのキャラクターが決まってしまう。「そういう人」と思われると、状況によって自分の態度を柔軟に変えることができなくなる。他人を批判すると、逆に自分も型にはめられてしまう。

Rule 10

すでに昇進したかのように行動する

部長らしくふるまえば、周囲はあなたを部長として扱うようになる。そして平社員らしくふるまえば、周囲の扱いは平社員だ。

では、すでに昇進したかのように周囲から思われるには、どうふるまえばいいのだろうか。次のようなふるまいがヒントになるだろう。

- **自信に満ちていて、決断力があり、分別がある。**
- **会社の視点で物事を眺め、組織全体にとって利益になることを第一に考える。「昼休みに仕事？　従業員には1時間の休憩をとる権利がある」と言いたくなっても、「ここが勝負どころだ。昼休みを返上して、問題を解決してしまおう」と考える。**

●**昨夜のテレビ番組、休暇や週末の予定ばかり話していたら、その他大勢のひとりと思われる。会社の問題点、自分の部署の将来プラン、利上げがこの先のビジネスに与える影響などを話すようにしたら、一目置かれる存在になる。**

おもしろみのない仕事人間になれということではない。ジョークに声をあげて笑ったり、にこやかにほほえんだりしてもかまわない。陽気で楽しい人にもなれる。

ただし、「ふざけた子供」ではなく、「楽しい大人」として見られることが大切だ。そのためには、周囲からは仕事ができ、経験も十分で、頼りになり、責任感があり、信頼できる人だと思われなければならない。そうして初めて、あなたが目指す上の仕事にふさわしい人物であると見られるようになる。

今からそれらしくふるまうことを始めよう。クールでスタイリッシュ、物腰柔らかな成熟した大人になる。**よい評判を確立し、いざ望みの仕事を打診されたときは、すでにその仕事ができるようになっていることが肝心だ。**

Chapter 2

できるリーダーの仕事のルール

キャリアを積み、チームを率いるようになって
初めて必要になるルールはたくさんあるが、
大きくふたつのカテゴリーに分けられる。
ひとつは、チームをマネジメントするためのルールだ。
リーダーは自分が管理する人たちに対して責任があり、
彼らから最高の部分を引き出す必要がある。
もうひとつは、自分をマネジメントするためのルールだ。
リーダーに昇進すると、チームの舵取りをしながら、
自分の仕事でも結果を出し、
さらにリーダーとしての新しいスキルも必要になる。

書籍『できるリーダーの仕事のルール』は
それらの秘訣をまとめたものだ。
読者投票でもっとも多くの票を集めたルールは２つ――
「その仕事が社会にどう貢献するかを語る」と「家に帰る」だ。
どちらのルールも、リーダーとして成功したいなら
絶対にマスターしておかなければならない。

The Rules of Management

Rule 11

その仕事が社会にどう貢献するかを語る

あなたの部下は、仕事をすることでお金をもらっている。しかし、それが彼らにとって「単なる仕事」だったら、彼らが最高の力を発揮することはないだろう。

一方、部下が毎日ワクワクした気持ちで出社し、新しいことにチャレンジし、自分の限界を広げることを楽しみにしていて、やる気に満ちあふれ、主体的に仕事に取り組むなら、最高の力を発揮できるはずだ。放っておいたら勝手にそうなるかというと、そんなことはない。あなたがやる気を注入し、導き、新しい課題を与え、本気にさせなければならないのだ。

本気にさせるのは簡単だ。あなたはただ、その仕事をする意義を彼らに与えるだけでいい。そして、それもまた簡単なことだ。自分の仕事が社会の役に立っていることを、彼らにわからせるだけでいいのだから。

自分の仕事のおかげで、人々の生活がどう変わるのか。人々のニーズをどのように満たしているのか。彼らの仕事は、実際に人々の役に立っている。彼らの仕事に感謝している人たちが、この世の中に存在するのだ。

もちろん、社会への貢献を実感しやすい仕事と、そうでない仕事はある。看護師は前者で、広告代理店の営業は後者になるだろう。しかし、どんな仕事も、何らかの形で社会に貢献している。あなたがそれを見つけだし、部下に知らせなければならない。**部下が自分の仕事に誇りを持てるようにするのは、マネジャーであるあなたの責任だ。**

部下の心の奥深くまで探れば、社会に貢献したい、誰かの役に立ちたいという気持ちを見つけることができるだろう。それを引き出すことができれば、部下はあなたについてくる。

しかし、ここでひとつ注意がある。彼らを説得するには、**まずあなた自身が、自分の仕事の価値を信じていなければならない。**

あなたは、自分の仕事が世の中の役に立っていると、本当に心の底から信じているだろうか？　もし確信が持てないのなら、自分の心の奥深くまで探ってみよう。そこにあなたの本気があるはずだ。

Rule 12

期待しすぎない

優秀なチームにはさまざまなパーツが必要だ。人にはそれぞれ、得意なこともあれば、不得意なこともある。すべての人が同じ能力を持っていたら、チームとして機能しなくなるだろう。リーダーばかりのチームか、メンバーばかりのチームになってしまうからだ。チームとは、多様な人材の組み合わせで成り立っている。

つまり、メンバーの中にリーダーシップに欠ける人がいても、チームプレーができない人がいても、彼らのありのままの姿を受け入れなければならない。数字に強い人と弱い人、上からの指導がなくてもできる人と指導が必要な人の場合でも、それは同じだ。

そして、**メンバーのありのままの姿を受け入れるには、まずありのままの姿を正確に知る必要がある。**彼らの長所と短所を知り、いいところと悪いところを知る。部下をよく知らないマネジャーなら、いつまでたっても四角い穴に丸いねじを入れようとして、苦労することになるだろう。

すべての人が、あなたと同じくらい仕事ができて、熱意があり、志が高く、頭がいいわけではない。部下の中には、能力もやる気もゼロで、まったく使えない人もいるだろう。改善の可能性がまったくないのであれば、異動や解雇もやむをえないかもしれない。しかし、どんなときも結論を急いではいけない。チームの能力に不満があったとしても、そもそも天才ばかりのチームは必要ないかもしれないのだから。

あなたのチームの仕事が、機械の操作か一般事務だとしよう。そのチームに、アインシュタイン並みの頭脳を持った人や、ブレインストーミングでアイデアを次から次へとくり出してくる人が、本当に必要だろうか？

チームに必要なのは、何時間も機械や机に向かい、緻密な作業に集中できる人だ。彼らにたぐいまれな創造性を期待することがそもそも間違っている。**彼らの限界を受け入れ、ありのままの姿を愛さなければならない。**その限界があるからこそ、機械の操作や一般事務では最高の仕事ができるのだから。

部下の限界を認めるついでに、あなた自身の限界についても考えてみよう。え？　限界なんかあるわけがない？　いやいや、ご冗談を。

Rule 13

ほめ、励ます

部下の仕事に満足しているなら、それを本人に伝えなければならない。人が働く理由はたくさんある。口ではお金のためだと言うかもしれないが、それは本心ではない。口には出さなくとも、心の中でひそかに思っている働く理由のトップは、実は「上司からほめられること」だ。

部下を「事後」にほめるというやり方もある。彼らが何かいい仕事をしたら、「よくやった」とほめるのだ。成果を上げる前に「きっとうまくできる」という、「事前」にほめるというやり方もある。なぜまだ何もしていないうちに、ほめなければならないのか。それは、**ほめて、やる気を引き出すと、実際にいい仕事をする確率が飛躍的に上がるからだ。**ほめられた部下は、上司を失望させたくないと思い、そして自分自身にも失望したくないと思う。

ほめるのはただでできる。いつでも新しいものと交換可能で、どんなに使っても消耗しない。効果は100パーセント確実。難しいところは何もなく、時間もかからない。

それなら、なぜもっと多くのマネジャーがほめ言葉を活用しないのだろうか？　それは、自信のある人しか他人をほめることができないからだ。普段から気持ちよく人をほめるには、まず自分自身に対して満足している必要がある。自分を信じられない人は、他人を信じることもできない。そして、信じていない人のことをほめるのは不可能だ。なぜなら、どうせ失敗するに決まっていると思っているのだから。

勇気さえあれば、部下に向かって「大丈夫。きみならできる」と伝えることができる。部下を信じ、大きな責任を与え、大いにほめる。すると彼らは、成果という形でお返しをしてくれるだろう。ほめるのはただであり、見返りはとてつもなく大きい。

あなたのチームに、他人をほめる文化を定着させよう。上司が部下をほめるだけでなく、メンバー同士でもほめ合う環境が理想だ。「きみならできる」という言葉がいつも聞こえてくるようなチームを目指さなければならない。優秀なメンバーがすすんで他のメンバーを手助けするような空気を作るのは、リーダーであるあなたの責任だ。

よいチームとは、助け合いの精神があり、人助けが積極的にほめられるチームのことだ。チームは運命共同体だ。沈むときは一緒に沈み、泳ぐときは一緒に泳ぐ。

Rule 14

人材をそろえる

マネジャーにとって絶対に欠かせない資質のひとつは「人を見る目」だ。正しい人を選び、正しい仕事を与えることができれば、あとはその人にすべてまかせておけばいい。この才能に恵まれたマネジャーのチームは、いつもやる気があって優秀なメンバーばかりが集まっている。マネジャーの仕事は、メンバーにすべてをまかせてのんびりしていることだけだ。

あなたにも同じことができる。**カギになるのは、正しい人を選ぶ能力と、責任を与える能力だ。**これだと思う人を選んだら、あとは自由にやらせておこう。それができるようになるには、メンバーの能力だけでなく、自分の「人を見る目」も信用しなければならない。

正しい人を選ぶには、「何」を求めているかということだけでなく、「誰」を求めているかということも知っておく必要がある。

たとえば、営業課長にふさわしい人材を探しているとしよう。「営業課長」というポジシヨンは「何」にあたる。そして「誰」にあたるのが、あなたが求める資質だ。チームプレーヤーがいいのか？　オールラウンド型を求めているのか？　即断即決ができる人？　先を見通して計画が立てられる人？　業界の機微を知っている人？　エクセルの達人？

何を求めるかだけでなく、誰を求めるのかということがわかっていれば、あなたも「人を見る目のあるマネジャー」の仲間入りをすることができる。もちろん、人を見る目は先天的な能力ではない。明確なビジョン、計画性、合理性があり、努力できる人だけが手に入れられる才能だ。

私は以前に、人選びで完全な失敗をしたことがある。私の下で働くマネジャーを探していたのだが、候補者の立派な資格や肩書きに惑わされ、その人の「人物」を見ることを忘れてしまったのだ。たしかに彼は優秀だった。しかしチームプレーヤーとは言いがたく、すべてにおいて周りと張り合おうとする。特に他のマネジャーにだけは負けたくないようだった。

それ自体は悪いことではない。しかし、それは私の求めるやり方ではなく、他のマネジャーも働きにくそうだった。私のチームは、チームプレーを重視しているからだ。人選を間違えた結果、かなり苦労することになった。すべては私の責任だ。実際に選ぶ前に、自分が求める人材をきちんと明確にしておくべきだった。

Rule 15

個人の違いを尊重する

私には子供が6人いるが、子供たちにはチームとして動くことを常々期待している。しかし、わが子がそれぞれ違う人間だということもよく心得ている。6人全員にまったく同じように接し、同じルールを適用したら、子供たちが一斉蜂起して収拾がつかなくなるだろう。

ある子は、人から急かされるのが嫌いだ。もしうっかり「早くやりなさい」などと言ってしまうと、もうテコでも動かなくなる。この子に早く動いてもらうには、うまくおだててその気にさせるしかない。しかし別の子は、何をするにも急ぎすぎるので、むしろ落ち着かせる必要がある。親である私は、彼らの違いを尊重し、違いに合わせて接しなければならない。それ以外に方法はないからだ。

あなたのチームもそれと同じだ。急かしてうまくいく人もいれば、いかない人もいる。落ち着かせたほうがいい人もいれば、お尻を叩いたほうがいい人もいる。朝から機嫌のいい人もいれば、朝は話しかけないほうがいい人もいる。テクノロジーに強い人もいれば、そうでない人もいる。**優秀なチームには、多様な個性や才能が必要なのだ。**

私の子供たちに話を戻そう。もし何か早くやってもらいたいことがある場合は、いつも決まった子に頼む。反対にじっくり時間をかけて取り組んでもらいたいことがある場合も、頼む子は決まっている。

もちろん、人はみな違うからといって、それを言い訳にすることはできない。罰則はすべての人に適用される。**このルールで大切なのは、相手に合わせて接し方を変え、それぞれに合った仕事のやり方を認めるということだ。**人がそれぞれ違うのはありがたいことだ。もし世界に私のような人間しかいなかったら、とんでもないことになるだろう。多様なメンバーがいるからこそ、チームは協力して力を発揮することができるのだ。

たとえば、あなたが営業チームのマネジャーだとしよう。メンバーのほとんどは、あなたのようにパリッとした身なりで、手際よく商談をまとめ上げるのだが、ひとりだけラフな服装を好み、顧客と無駄話が多く、なかなか要点までたどりつかないメンバーがいる。そんなときは、「服装がだらしない」「無駄話が多い」という点だけで彼を判断してはいけない。ここで大切なのは、彼が出した結果だ。もし彼が目標を達成し、顧客からも好かれているなら、その違いは大歓迎なのだ。

Rule 16

解決策を用意するよう求める

部下にとって、文句を言うのはきわめて簡単なことだ。ほとんどクセのようなものだろう。だから、**上司に問題を訴えるときは、同時に解決策も提示しなければならないという決まりを作ろう。**何かがダメだ、気に入らないと部下が言いたいなら、「それなら、あなたはどうすればいいと思うだろう?」「何かいい解決策はあるだろうか?」という質問が上司から返ってくることを覚悟しなければならない。

私の上司だった最高のマネジャーは、このルールをさらに発展させ、問題よりも解決策を先に提案するという決まりを作っていた。部下が解決策を提案すると、マネジャーがそこから「問題」を推測するのだ。これは一種のゲームのようなもので、やっていて楽しい。しかしそれと同時に、部下である私たちも頭を使うことが求められる。ただ文句を言うだけでは許されないからだ。

当時の私は、その会社の警備員に不満があった。警備員が、防犯カメラの映像を見もしないで削除しているのではないかと疑っていたのだ。警備員には映像をきちんと見てもらわないと困るのだが、なかなかいい解決策が思い浮かばず、このままではボスに問題を報告することもできない。

私はふと思いついた。警備員に防犯カメラの映像を確実に見てもらうには、見る価値のある映像にすればいいのではないだろうか？　そこで私は、防犯カメラが設置してある場所で、従業員の誰かがセックスをしていたらしいというウソをでっちあげ、警備員の何人かにこっそり話した。防犯カメラに映っているはずなのだが、どこに設置されたカメラかはわからない。すると警備員たちは、まるで自分の命がかかっているかのように、真剣に防犯カメラの映像を見るようになった。

この解決策は上司も気に入ってくれたようだ。警備態勢を整えることは私の職務のひとつであり、上司も問題に気づいていたからだ。私が何もしなければ、そろそろ注意しなければならないと思っていたという。そして私は、上司に向かって「警備員がちゃんと仕事をしてくれないんですよ」と文句を言うのではなく、自分で問題を解決したのだ。

もちろん、いくら血眼になって映像を見ても問題のシーンが見つからなければ、彼らはまた見るのをやめてしまうだろう。しかし、それまでにはかなり時間がかかるはずだ。彼らも「念のために」映像をチェックするのはやめられないだろう。

Rule 17

ハードに働く

つまらないことを言って申し訳ないのだが、マネジメントの大原則は、仕事のできる人間になることだ。誰よりもハードに働き、結果を出すことがカギになる。基本的な仕事がきちんとできないのであれば、いくらヒューマンスキルが優れていても意味はない。まずは、誰よりも早く出勤することから始めてみよう。

自分の仕事がすべてきれいに片づいたら、そこからやっとチームをマネジメントする仕事に集中できる。書類仕事はできるかぎり効率的に行い、締め切りは必ず守る。ここでタイムマネジメントのたぐいについて長々と説明することはできないが、基本的に次のことは押さえておく必要がある。

- **段取りがいい。**
- **献身的である。**

●**徹底して効率を上げる。**
●**集中する。**

以上だ。あなたに選択の余地はない。すべて必須《マスト》だ。マネジメントとは、ただオフィスの中をぶらぶら歩きながら、偉そうに命令を出す仕事ではない。**マネジメントはむしろ裏方の仕事だ。誰も見ていないところで何をするかがカギになる。**

もし、今の自分がいいマネジャーなのか知りたかったら、自分のデスクを見てみよう。そこはどうなっているだろう？　きれいに片づいている？　それとも処理の終わっていない書類が山積みになっている？　鞄の中、ファイルの中、パソコンのデスクトップも見てみよう。そこにあるのは秩序だろうか？　混沌だろうか？

仕事を片づけること。期日までに最高の結果を出すこと。これがあなたに与えられた使命だ。そのためには、使えるツールはすべて使おう。リストを作る。パソコンの予定管理ソフトを活用する。部下に仕事を割り当てる。助けを求める。残業する。早出する。もちろん、後述する「家に帰る」（ルール20）も守らなければならない。人生は仕事だけではないからだ。しかし、自分の仕事は何があっても期日までに完成させなければならない。

Rule 18

先のことを考える時間をとる

あなたが忙しいことはよくわかっている。書類はきちんとそろえなければならないし、観葉植物に水をやり、将来のことも考え、さらに革新的なアイデアも出さなければならない。しかし、**優秀なマネジャーは、1週間に30分ほどの時間を使って、将来のための具体的な計画を立てている。**

自分に次のような質問をしてみよう。「もっと売上を伸ばすにはどうすればいいか？」「スタッフの離職率を下げるにはどうすればいいか？」「見込み客を確実に顧客にするにはどうすればいいか？」「会計手続きを効率化するにはどうすればいいか？」「チームの士気を高め、生産性を上げるにはどうすればいいか？」「チームのブレインストーミングでもっと自由に意見が出るようになるにはどうすればいいか？」「時間の無駄にならないミーティングを開催するにはどうすればいいか？」

昔から言われているように、「いつもと同じことをしていたら、いつもと同じものしか手に入らない」。この言葉に例外はない。**自分から行動しなければ、待っているのは停滞だ。**

そして停滞している人は、ワニに尻を噛まれる運命にある。オールを漕ぐ手を休めてはいけない。つねに前に進むのだ。マグロは泳ぎ続けていないと死んでしまうという。あなたも前進を止めてはいけない。なぜなら、あなたが立ち止まっている間にも、他の誰かが前進を続けるからだ。

多忙なのはよくわかる。私にも経験があるからだ。朝メールをチェックすると、受信箱には未読のメールが山のようにたまっている。次に社内の連絡をチェックし、スタッフの問題を解決すると、もうランチタイムだ。午後の仕事をしていると、すぐにその日のうちに出さなければならない書類の締め切りがやってくる。そんなこんなで、もう帰宅の時間だ。それなのに、この忙しいスケジュールの中から30分も時間を見つけて、将来について考えろなどと言うのか。冗談じゃない。

しかし、その30分は、他のタスクと組み合わせることができる。たとえば私は、週に一度、ひとりでランチを取り、その時間を将来について考えるために使っている。ライバルに差をつける方法をいろいろ考えるのだ。大切なのは、その日のランチだけは絶対にひとりで出ること。誰かと一緒だと、いろいろ話しかけられて考えに集中できないからだ。

Rule 19

原則を守る

人には絶対に守る原則が必要だ。原則のない人は、自分で自分が恥ずかしくなるようなことをしてしまうか、借金で首が回らなくなるか、あるいは牢屋に入ることになるだろう。原則があってもそうなってしまう可能性もゼロではないが、少なくとも「私には原則がある」と言うことはできる。

人は誰でも、自分の許容範囲を決める明確な線引きが必要だ。

どこに一線を引くのかは自分が知っていればいいことであり、わざわざ他人に教えなくてもかまわない。他人があなたの一線を知るのは、あなたにそれを越えるような行動を要求したときだけだ。いずれにせよ、それは絶対に越えてはいけない一線だ。イメージするならば、高さが10キロメートル以上もある頑丈な鉄の壁だ。何があっても絶対に越えられない。

私の友人で、上司からある不正をするよう指示を受けた人がいる。解雇されたあるスタッフが不当解雇を訴えたために、法廷に提出するそのスタッフへの「警告書」を偽造するように言われたのだ。

あなたなら、この指示に従うだろうか？　不当解雇は、あなたにとって許せないことだろうか？　それともどうでもいいことだろうか？　解雇された人は実際に警告を受けていたが、それが正式な文書になっていなかっただけだとしたら？　または、あなたも上司も、警告の文書をたしかに作ったはずだと確信しているが、それが見つからないのだとしたら？

私はここで、正解と間違いを判断するつもりはない。大切なのは、あなたがどう思うかということだ。あなたにとっては、何が正しくて、何が間違っているのだろう？　そして**あなたは、自分が正しいと思うことを、絶対に守り通さなければならない。**

あなたはどこに一線を引くだろう？　私自身、やりたくないことをやれと言われたことがある。身の毛もよだつほどおぞましいことをやれと言われたこともある。しかし、自分の中にある一線を越えろと言われたら（ありがたいことに、長い仕事人生で一度か二度しかなかったが）、断固として「ノー」と言い、その態度を貫いてきた。そのせいで解雇になったことはない。むしろよくやったと称賛された。

Rule 20

家に帰る

私はかつてボブという上司の下で働いていた。その会社には、滅私奉公するタイプのマネジャーもいた。誰よりも早く出社して、昼休みも取らずに働き、とにかくいつも会社にいる。さて、そのマネジャーより先に出世したのは誰だろう？　もちろん、ボブだ。

ボブはいつも私にこんなふうに声をかけていた。

「リチャード、家に帰れよ。子供がまだ小さいんだろう？　きちんと家に帰らないと子供がパパの顔を忘れるぞ。もし本当に帰れないなら、せめて自分の写真は送っておけ」

もちろん、私は帰るほうを選んだ。それはボブも同じだった。しょっちゅう家に帰っていた。彼は職場にほとんどいないのに、どんどん昇進した。

秘訣を知りたい？　ボブのチーム（私もその一員だ）が、彼のためなら何でもしたからだ。彼をがっかりさせるようなことは絶対にしたくなかった。

ボブほど人の心をつかむのがうまい人はいない。彼の下で働いていると、誰もが自分が立派な人物になったような気分になれる。信頼され、尊重されていると感じる。ボブは絶対に怒鳴らない。部下を罵《ののし》ることもなければ、バカにすることもない。無理な要求はしない。過重労働を強いることも、屈辱を味わわせることもない。実際のところ、ボブが部下を叱っているところは見たことがない――たったの一度も。彼はカリスマ性があり、魅力的で、クールで、落ち着いている。

彼に言わせると、秘訣は家族だという。彼は家族のために働いている。とにかく子供が大好きなので、職場にいるよりは家で子供と一緒にいたほうがずっといい。彼の家族への愛情は端から見ていてもよくわかる。「ファミリーマン」であることに心から誇りを持ち、職場でも子供や妻の話をよくしていた。家族を心底愛しているのがよくわかった。

彼は絶対に残業をしなかった。そんなことをしたら、人生でいちばん大切な家族に対する裏切りになるからだ。この家族への思いが、ボブという人間に深みを与えていた。家族のおかげで、彼はバランスのとれた人物になれる。**家庭生活に心から満足しているので、職場で能力を証明する必要がまったくない。彼の余裕はそこから生まれていた。**

私はこれまでの仕事人生で、性根の腐ったような人間にも出会ってきた。彼らに共通しているのは、家庭がうまくいっていないということだ。**人間はベースキャンプに問題があると、他の場所でもうまくいかない。**だから、わが友よ、家に帰ろう。

Chapter 3

できる人の人生のルール

『できる人の仕事のしかた』と
『できるリーダーの仕事のルール』を執筆したあと、
私はルールの範囲を職場の外にも広げることにした。
そこで誕生した書籍が、『できる人の人生のルール』だ。
誰もが人生で必要とするルールを網羅的に集めたもので、
Rulesシリーズの中でも、もっとも成功した本となった。
この章に選んだ10個のルールは、私が最重要だと考えるものだ。
言い換えると、幸せで成功した人たちがもっともよく活用している
ルールということになる。

『できる人の人生のルール』はシリーズの中でも
とりわけ数多くの言語に翻訳されて、世界中に読者がいる。
そのため、この本のルールはいずれも多くの票を集めた。
なかでも、最初に登場する3つのルールは得票数のトップ3だ。
幸せな人生を送るために不可欠なルールだと言えるだろう。

The Rules of Life

Rule 21

ルールを秘密にする

あなたは今まさに〝人生を変える旅〟に出発しようとしている。ルールに取り組むことで、成功への道を切り開き、幸せになろうとしている。

そのために守らなければならない第一のルールは、「秘密にする」ということだ。本書を読んでいることは秘密にしなければならない。

ルールに取り組み始めると、間違いなく人に話したくなるときがくる。それは、ルールがあなたの人生を変えるからだ。自分を変える努力がうまくいき始めたら、それを人に話したくなるのは当然のことだ。しかし、それでも秘密にしておかなければいけない。

ルールのことを人に話すのは、愛煙家に禁煙の秘訣を教えるようなものだ。

禁煙に成功した人が、健康的な生活のすばらしさに感動し、タバコを吸っている友人たちに布教してまわるのを見たら、あなたはどう思うだろうか?

問題は、相手には禁煙する準備ができていないということだ。いくら親切心だとしても、相手からすればうるさいだけだ。だから、ルールは秘密にしなければならない。

ルールに取り組んでいると、自然と内側から温かい光がにじみ出るようになる。あなたが何も言わなくても、周りから「何かあったの？」などと質問されることがあるはずだ。質問されたとしても「別に変わりないよ」と答えればいい。「今日は気持ちのいい天気だしね」とでも答えよう。正直に話す必要はまったくない。

「何かあったの？」というのは「ご機嫌いかが？」という単なるあいさつだと考えよう。相手が聞きたいのは「いいですよ」の一言だけ。たとえあなたが絶望のどん底にいたとしても、相手が期待するのは決まり文句の「いいですよ」の一言なのだ。

ルールに取り組んでいることも同じだ。周囲の人は、「人生のルール」のすばらしさを知りたいとは思っていない。だから秘密にしておこう。

ただ黙って、自分のやるべきことをやっていこう。そして、自分のペースで幸せに日々を過ごしていけばいい。

Rule 22

たくさん失敗するほうがいい

年を取れば取るほど、人は賢くなる……かというと残念ながら、そんなことはない。実際、人はいくつになっても失敗をする。うまくいかない方法を事前に見分けるような賢さは、年を取ってもなかなか身につかない。

たしかに人は経験から学ぶことができるから、一度失敗すれば同じ間違いはくり返さないですむ。それでも新しい失敗の種は、いくらでも転がっている。

人生においては未知の領域がつねに存在する。そこでは、ひどい失敗をせざるをえない。冒険好きで人生を楽しもうとする人ほど、未知の領域に突入することも多いので、失敗も増えるというわけだ。

肝心なのは、失敗をしないように、注意に注意を重ね、完璧を期すことではない。

ここでの秘訣は、人は完璧にはなれないという事実を受け入れること、そして、失敗をくよくよ悩まないことだ。

賢さとは、失敗をしないことではない。むしろ失敗をしてもうまく切り抜けることが賢さだ。**失敗しても、落ち着きを失わず、堂々としていることができる——これが賢さの証明だ。**

失敗をしたときにやるべきことは多くない。ただ原因を解明し、同じ失敗をくり返さないと心に誓う。そこまでやれば、もう他にできることはほとんどない。

人は誰でもみな年を取る。年を取ったからといって賢くなるわけではないが、だいたいにおいて、年を取るほど人生はよくなるものだ。

それは、それまでにたくさん失敗しておけば、未経験の失敗の数は減っていくからだ。人生の早い段階でたくさん失敗しておけば、年を取ってから手痛い失敗を経験しなくてすむのである。

だから、**失敗をしても嘆くことはない。できるだけたくさん失敗をやらかしておけば、その後の人生が順調になるのだから。**

Rule
23

ありのままの自分を受け入れる

このルールで伝えたいのは「自分を愛しなさい」といったことではない。それはハードルが高すぎる。ここではまず単純に「ただ受け入れる」ことから始めよう。

自分を向上させる必要はないし、変わる必要もないし、完璧を目指す必要もない。むしろその正反対だ。ただ「ありのままの自分を受け入れる」ことから始めるのである。

今の自分に満足して自堕落な人生を送ればいい、という意味ではない。**まずは今の自分をそのまま受け入れて、そこから成長を目指す**――これは、そのためのルールだ。

今の自分に気に入らないところがあるからといって、必要以上に自分を責めてはいけない。もちろん気に入らないところは変えることができる。それはもう少し先の話だ。

「自分を受け入れる」――これは人生のルールにするしかない。なぜなら、そもそも他の選択肢はないからだ。

これまでの人生で起こったすべてのことの結果として、今のあなたが存在する。人は誰でもありのままの自分から始めるしかない。毎日の選択の積み重ねで「今よりもいい人間になることを目指す」しか道はないのだ。

今より成長できる選択をする——それが人生における最善の選択だ。

そして、ときにはそれができないことも受け入れる。人間なら誰でも、理想とはほど遠いことをしてしまうときもある。それでもかまわない。あまり自分を責めてはいけない。また気を取り直し、一から始めればいい。

たしかに、挫折から立ち直るのが難しいときもあるが、ルールに取り組み始めたのなら、それだけで成長への道を歩いていることになる。だから、自分のダメな点を数え上げて、自分をみじめに思うことはもうやめにしよう。

自分をいじめてはいけない。その代わりに、ありのままの自分を受け入れよう。

あなたは今できる最善を尽くしている。そんな自分をほめてあげることを忘れないでほしい。そして前に進んでいこう。

Rule 24

何に人生を捧げるかを決める

あなたは何に人生を捧げているだろうか？

この質問には正しい答えも間違った答えもない。個人的な選択だからだ。しかし、自分なりの答えを持っておくことは大切だ。

私の話をしよう。私には生涯を通して取り組んでいることがふたつある。

ひとつは、「この世を去るときには自分の魂しか持っていけないのだから、自分の持ち物の中で魂を最高のものにする」ということ。

もうひとつは、私の「一風変わった子供時代」に関することだ。

ひとつめに、宗教的な意味はまったくない。ただ、ある人から言われたこの言葉が心に響き、私の中の何かが突き動かされた。

どうすれば、最高の魂を手に入れることができるのだろうか？　答えはまだ見つかっていない。いろいろと学び、失敗もした。私はこの人生の大問題と長いこと格闘している。

ずっと考えてきて、たどり着いた結論はひとつだ。できるだけまっとうな人生を送り、人の迷惑にならないように努力し、出会う人すべてに敬意を持って接する。私はこの目標を実践することに、自分の人生を捧げている。

もうひとつの「一風変わった子供時代」については説明が必要だろう。

私は、いわゆる〝機能不全家族〟で育った。でもあるとき、それを失敗の原因ではなく、モチベーションにする人生を選びたいと決意した。そして私と同じように、つらい過去の悪影響を捨てなければならない人の役に立ちたいとも思っている。私はそれに人生を捧げている。

どちらも大それたことではない。世間に宣伝しようとも思わない。ただこのふたつが、私の心の中に静かに存在する行動規範となっている。そして、**行動規範があるおかげで、「自分はやるべきことをきちんとやっているか？」ということが簡単に確認できる。**

行動規範は、自分だけのミッションステートメントと言ってもいいだろう。**行動規範が決まると迷いがなくなる。そして、すべての決断がはるかに簡単になる。**

Rule 25

恐れない。驚かない。迷わない。疑わない

このルールは17世紀の日本のサムライの言葉からの引用だ。剣術家として成功するための4つのキーポイントであり、人生の成功にも通じている。

●恐れない

人生で恐れるべきことはひとつもない。もしあるなら、それを乗り越えなければならない。実は、私には高所恐怖症という弱点がある。しかし先日、雨どいに穴が空き、屋根にのぼらなくてはならなくなった。私は作業中、ただ「恐れない、恐れない」とくり返した。あなたも恐怖が何であれ、**恐怖と正面から向き合い、克服しよう。**

●驚かない

人生は驚きの連続だ。しかし、注意深く観察していれば、それが起こる予兆を見つける

ことはできる。予兆が見つかれば、驚く必要はないはずだ。

それでは、なぜ人生は驚きの連続のように感じるのだろうか。それは、ぼんやり生きているからだ。**はっきりと目を覚ましていれば、突然の出来事に驚くことはない。**

●迷わない

目の前に選択肢があるなら、どれを選ぶかを決め、あとは行動するだけ。それが行動の秘訣だ。助けを待ったり、アドバイスしてくれる人が現れるのを待っていてはいけない。

避けられないことがあるのなら、**思いきって飛び込んで、あとは冒険を楽しもう。**何もしないで待っていても、どこにもたどり着けないのだから。

●疑わない

一度何かを決めたなら、決断を疑わない。あとはリラックスして状況を楽しむだけだ。心配しなくても、明日は必ずやってくる。

はたしてこれは正しい決断だったのか、この道で本当に成功できるのか。そんな疑いは捨ててしまおう。**自分の判断力を完全に信頼し、あとは前に進んでいくだけだ。**

Rule 26

引き際を見極め、きっぱりとあきらめる

運転免許のテストに35回も落ちた人がいる。その粘り強さには感心するが、そもそも車の運転には向いていないのだろう。危険な鉄の塊を、子供や老人が行き交う道路で走らせる才能に恵まれていなかったのだ。

「よくわかった。私に運転の才能はない。自転車とバスを使おう」と潔く敗北宣言することもできたはずだ。私はそういう人を尊敬する。現実が見えているからだ。

意志が弱いからあきらめたのではない。やる気がないわけでもない。ただ、自分に送られた明確なフィードバックを読み取る分別をきちんと持ち合わせていたということだ。

間違った道かどうかをたしかめる方法は、実際に挑戦してみることしかない。だからやってみて「これは私の道ではない」とあきらめるのは恥ずかしいことではない。

大学の専攻科目が、実は自分には向いていなかった。仕事を始めてから自分には才能がないとわかった。新しい街に引っ越したが、なじむことができなかった。

こういった間違いを認めるには勇気が必要だ。途中でやめるのは弱さの表れではない。むしろ強さの証明だ。失敗を恥じることはない。絶対に失敗しない人などいないからだ。やってみて、できなかったとなる可能性は誰にでもある。

数年前、あるイギリスの閣僚が辞任した。辞任の理由は、本人の言葉を借りれば「自分の力不足」だ。私は、その閣僚を評価していなかったが、辞任の一件以来、評価が急上昇した。私と同じように感じた人は、他にもたくさんいるだろう。

自分の能力不足を認めるのは勇気がいる。彼女はたしかに閣僚には向いていなかったのかもしれないが、正直さ、勇気、正確な自己評価という点では、他の政治家よりはるかに優れていることは間違いない。

正しい理由で、正しいときにあきらめれば、自分の強さを証明できる。彼女は、それを見事に体現してくれた。

Rule 27

「過去は変えられない」ということを受け入れる

人は誰でも、間違った決断や行動で、周りの人に迷惑をかけたり、嫌な思いをさせたりしたことがあるものだ。大切にするべき人を、傷つけてしまうこともあるだろう。

しかし、すんだことはもうどうしようもない。あなたにできるのは、もう同じ間違いはくり返さないと誓いを立てることだけだ。

失敗を認め、同じことをくり返さないために力のかぎり努力する。それが最善の選択だ。

過去をいつまでも後悔している人は、まず「過去は変えられない」という事実を受け入れなければならない。

過去の栄光を忘れることができない人もいるだろう。もちろん思い出を大切にするのはかまわないが、今日、別のいい思い出を作ることのほうがずっと大切だ。

それでも昔のほうがよかったと思ってしまう理由は何だろう。お金、健康、愛する人、若さなど、今の自分にはないものが、過去のあなたにはあったのかもしれない。
なくしたものが確認できたら、もうそれは過去に置いていこう。過去に持っていたものとは違う、新しい挑戦と刺激を求めなければならない。

新しい挑戦には努力と熱意が必要だから、まずは自分をその気にさせることから始める必要がある。これは運動の習慣と似ている。取りかかるのは大変だが、とりあえずやってみれば、いつの間にか気分はよくなっている。

最初は疲れるかもしれないが、それでもやめてしまわないで続けていれば、いつの間にかつらくなくなっていることに気づく。ジョギングでも水泳でも、続けていると、ある日、努力を意識することなく楽々とこなせるようになっている自分に気がつく。

過去というのは、昔住んでいた家のようなものだ。一時期をそこですごしたが、今はもう住んでいない。たまに訪ねることはできるが、そこは、もう帰るべき家ではない。

後ろばかりふり返っていると、今起こっているすばらしい経験を逃してしまう。「今」と「ここ」が、いちばん大切なあなたの家なのだ。

Rule 28

理解できないことを受け入れる

今この瞬間にも、世界ではさまざまなことが起きている。

あなたの周りだけでも、本当に多くのことが起きているはずだ。その中には、あなたにはまったく理解できないようなこともあるだろう。

おかしな行動を取る人がいるが、理由はわからない。

景気がいきなり悪化したり、好転したりするが、なぜそうなるのか見当もつかない。

世の中には理解できないことがたくさんある。そもそも人生そのものがそうだろう。


なぜ私は生まれて、今ここにいるのか。

人は死んだらどうなるのか？


この問いの答えは、永遠にわからないだろう。いつか答えがわかるときがくるかもしれないが、その答えとは、今想像しているような答えとはまったく違うのではないかという思いを、私はどうしてぬぐいさることができない。

人生とは巨大なジグソーパズルだ。しかも、自分で組み立てられるのは、隅っこのほんの一部だけだ。**もしもベールが取り払われて、人生というジグソーパズルの全体像が見えたら、その巨大さに度肝を抜かれるはずだ。**

自分が組み立てた一部でさえ、その全体像から見ると、自分が思っていたものとは違うだろう。そのとき目の前に広がるのは、想像していたものとはまったく異なる光景だ。

好奇心を持つことは大切だ。疑問を持ち、誰かに質問するのも必要なことだ。それでも、必ずしもはっきりした答えが手に入るわけではないということは、つねに自覚しておかなければならない。

人はときに、理不尽な行動を取る。人生でも予告なしで理不尽なことは起こる。「理解できない」と騒いでもしかたない。こだわるのはやめよう。

すべてを知ることをあきらめ、理解できないものもあるということを受け入れられれば、心の平安が手に入る。夜もぐっすり眠れるようになる。

Rule 29

あきらめるべきときには静かに立ち去る

人は誰でも、自分の失敗を認めたくないものだ。

一度始めたことを、自分からあきらめたくないし、気に入らない相手に屈服したくはない。自分から終わりにしたら、それは負けを認めることになってしまう。

しかし、人生には思い通りにならないことが多い。自分でやり始めたことでも、やってみて想像以上に高い壁だったとわかることもある。

そんなときは、負けを認めることを学ばなくてはならない。**勝つ見込みのない戦いなら、自分をすり減らさないうちに、あっさりと引き下がって次に向かうのだ。**

恋愛についても同じことが言える。相手の気持ちが離れてしまったのなら、あっさりと自分から身を引くのがいちばんだ。一度死んだ関係は、まず生き返らない。死体を掘り起こして、脈を確認することに意味はない。だから忘れて、次に進もう。

相手との関係を手放すのは、あなた自身を守ることにもなる。立ち去る前に仕返しをしたくなるだろうが、その気持ちを抑えて、ただ静かに立ち去るのが最善だ。

相手に非があるとしても、少なくともあなたは、相手のレベルにまで下がらなかったことになる。それに、静かに立ち去ることが、実はいちばんの仕返しなのだ。

関係や目標を手放し、静かに立ち去る。これができるのは、冷静な判断力と自己コントロール力があることの証明でもある。状況に振り回されず、自分で決断し、自ら状況を変えられる人物でいよう。

あなたの問題は、長い宇宙の歴史から見ればたいしたことはない。歴史書の脚注にさえ登場しないだろう。もちろん、私の問題もそれは同じだ。**今は「大問題だ」と思っていても、10年後に振り返れば、きっと思い出すのにも苦労するはずだ。**

「時間がすべてを解決する」とは言いきれないが、問題との間に距離と時間をおけば、より客観的に眺められるようになるのはたしかだ。

立ち去ることで、問題との間に距離をおくことができる。そしてあとは時間が解決してくれる。

Rule 30

日々、新しいルールを見つける

この章の最後に伝えておきたいことがある。それは「前に向かって進み続けよう」ということだ。

そのために今日からは、日々、新しいルールを発見してほしい。これまでに紹介したルールにつけ加えて、あなただけの「人生のルール」をさらに進化させていくのだ。

本書に書かれているのは絶対的に正しい神の言葉ではなく、あなたのルールを完成させるための叩き台にすぎない。本書をきっかけに、スタートを切ってほしい。

あなたの創造性と想像力、ありったけの創意工夫を注ぎ込んで、自分だけのルールを発明していこう。

日々の観察で何かを学んだら、そこにルールの種がないかを考えよう。

それをルールに発展できれば、新しい発見を知識として十分に吸収することができる。

ルールを実践するには、献身的で、勤勉で、決して揺るがない不屈の精神が求められる。その姿勢を忘れずにたゆまぬ努力を続ければ、必ず充実して生産的な人生を送ることができる。

あまり自分に厳しくしすぎるのもいけない。人間とは失敗する生き物であり、完璧な人など存在しない。だからこそ、人生を楽しもう。

Chapter 4

できる人のお金の増やし方

この章では、
株式や投資のスキームに関する実用的なアドバイスではなく、
お金に対する態度や考え方についてお伝えしたい。
私はこれまでの人生で、かなり裕福な人たちにも出会ってきた。
彼らにはたくさんの共通点があり、私は、お金持ちの心の持ち方や、
お金を大きく育てて人生を楽しむためのルール、
お金を分かち合うルールなど多くのルールを見出し、
『できる人のお金の増やし方』として出版した。

なかでも読者にいちばん人気のあったルールは、
「『私はお金持ちにはなれない』という思い込みを捨てる」だった。
読者のみなさんがそんな思い込みを捨て、
自分はお金持ちになれると信じてくれたのは嬉しいことだ。
この章のルールを読み、実践することによって、
あなたもきっとお金持ちになれるだろう。

The Rules of Money

Rule 31

「私はお金持ちにはなれない」という思い込みを捨てる

お金がすばらしいのは、差別をしないことだ。

人種も、肌の色も、社会階層も、両親の職業も、お金にとっては関係ない。あなたが自分自身をどんな人間だと評価していても、お金にとってはどうでもいいことだ。

お金から見れば、昨日のあなたが何をしたとしても、今日は新しい一日だ。今日のあなたには、お金を手に入れる権利があり、チャンスがある。

あなたが今日お金を手に入れられなかったら、それはお金に理由があるのではない。理由は、あなたのほうにある。

お金には何もわからない。誰が自分を持っているのかわからないし、その人の野心も、その人が属する社会階層もわからない。当然ながら、お金には耳も、目も、五感もない。自分からは動けないし、何も感じない。

お金には人を識別する機能がない。だから、あなたにお金に見合った価値や資格があるかどうか判断することはできない。

私はこれまでに、信じられないほどのお金持ちを大勢見てきた。お金持ちには実にさまざまなタイプがいる。まさかと思う人が大富豪だったりすることもある。お金持ちで当然だと思える人もいれば、「なぜあんな人が？」と首をかしげたくなる人もいる。

共通点があるなら、それはお金持ち全員が「私はお金が欲しい」と考え、その思いを行動に移していることだ。

そしてお金に縁がない人は、みな「お金はいりません」「お金持ちになるなんて私には無理です」「私にはお金持ちになる才能などありません」などと考えている。お金がない人は、その理由を周りの状況のせいだと思っている。貧乏な家に生まれたから、環境に恵まれなかったから……というわけだ。

しかし、屋根のある家で暮らしていて、この本を買うことができているなら、あなたはお金持ちになれる条件を十分に備えている。

たしかに簡単ではないかもしれない。しかし、可能であることに間違いはない。

Rule 32

自分なりの「お金持ち」の定義を決める

あなたにとって「お金持ち」とは、どんな状態のことだろう？

何を目指すにせよ、まずは定義を決める必要がある。実際、私が観察したところ、**お金持ちと呼ばれる人は、例外なく自分なりの定義をはっきり持っている。**

私の友人のひとりは、自分のビジネスを起ち上げたときから定義を決めていたそうだ。彼は「利息で暮らしているうちは、お金持ちではない」と言う。「資産の利息の、そのまた利息で暮らせるようになればお金持ち」だ。

現在、その友人は、〝利息の利息〟がどれくらいのお金を生んでいるか、時間単位で正確に把握している。たとえば一緒にディナーに出かけると、ディナーの価格（＝a）と、その時間で生じる利息の利息（＝b）を計算する。bがaより多ければ、彼はハッピーだ。

もちろん、彼のような極端な考え方を取り入れる必要はない。

オーソドックスな考え方は、ある資産額を目標に決めることだろう。一昔前なら、お金持ちと言えば億万長者、つまり1億円の資産がある人だった。

今の時代、1億円以上の豪邸を持っている人もたくさんいる。彼らは資産総額が1億円ではお金持ちとは思わないだろう（ちなみに金額については、話がわかりやすくなるように、日本語版では適宜、日本円に修正した）。

私の考える「お金持ち」の定義は「お金の心配をする必要がなくなる」ことだ。しかし、この基準では、具体的な金額を決めるのが難しい。心配の種は次から次へと出てくるからだ。

ありがたいことに今の私は、それなりに余裕のある生活を送っているが、昔は貧乏だった。１９８９年にさかのぼると、当時の私は家具を売り払い、請求書の山を見つめて途方に暮れていた。私がお金の心配をしなくなったのは、１０００円や1万円ではなく、10万円、１００万円といったもっと大きな単位で考えられるようになってからだ。

あなたの考える「お金持ち」の定義は何だろう。所有する車の台数？　銀行口座の残高？決まった正解はないが、自分なりの答えを出してから行動しよう。目標がなければ、目指すこともできないからだ。

Rule 33

必要な努力をすると決意する

あなたの目標が「宝くじを当てる」なら、この先を読む必要はない。本を閉じて、宝くじを買いにいこう。現実的な目標を立てた人だけが、この先を読み進めてもらいたい。

たしかに、宝くじに当たる可能性がないわけではない。遠い親戚から遺産が入ることもあるかもしれない。思いがけない偶然で、お金が手に入ることもないとは言えない。

しかし、確率から言って、そういった幸運な偶然は起こらないと思ってほしい。それに、**偶然を待っているうちは行動を起こせない。**

たいていの人は、口では「お金持ちになりたい」などと言うが、本気で望んでいるわけではない。宝くじは買うかもしれないが、必要な努力をする気がないのだ。犠牲を払うつもりもないし、勉強は嫌いだし、人より多く働くのも面倒ときている。目標達成のために、強い意志を持って努力するつもりなどまったくないのだ。

たいていの人は努力を嫌う。お金は欲しいが、たまたま手に入ることを望んでいる。欲しいのは、自分の力で汗水たらして貯めたお金ではないのだろう。

世界の大金持ちを観察してみよう。ビル・ゲイツ、リチャード・ブランソン、ウォーレン・バフェット、ジェームズ・ダイソン、イーロン・マスク――彼らの共通点はただひとつ、がむしゃらに働いたことだ。

ITで稼いだ人もいれば、金融、掃除機、電気自動車で稼いだ人もいる。稼ぎ方は人それぞれだが、彼らに共通するのは、普通の人が一カ月でするような仕事を、わずか一日でこなしてしまうほど努力したということだ。

お金はただそこにいて、誰かが手に入れるのを待っている。**お金を手に入れるのは、誰よりも早く起きて、誰よりも多く働いた人だ。**これがお金のすばらしいところなのだ。

あなたも世界の大金持ちから学ばなければならない。

お金持ちになりたいなら、怠け者ではなく、真剣で、やる気があり、野心家で、勤勉で、稼げる人物になると決めることだ。

Rule 34

何のためにお金が欲しいのかを見極める

人は誰でも、自分を幸せにしてくれるものにお金を払う。何にお金を使うかは個人の自由であり、私がとやかく言うことではない。私がフランス産のワインにけっこうな額を払うのも、多くの人は理解できないだろう。

それでは、**あなたはなぜお金持ちになりたいのか。その答えから、あなたの心の奥底にあるお金に対する思い込みが見えてくる。**

あなたには夢があって、その夢の実現のためにお金が必要なのかもしれない。

ノンフィクション作家のジェラルド・ダレル（『虫とけものと家族たち』の著者）は、動物園を持つのが夢だった。そこで36冊のベストセラーの印税を元手にジャージー島に動物園を開いた。彼は、夢を実現させたのだ。

あなたの夢は何だろう？　もしかすると、ダレルのように単純な話ではない可能性もある。

先日、知り合いの女性に、お金持ちになりたい理由を尋ねたら、興味深い答えが返ってきた。お金があれば、子供が独立して家から出ようと思わなくなるからだという。つまり彼女は、孤独にならないためにお金が欲しいのだ。

別の知り合いは「冒険の旅に出るお金が欲しい」と言っていたが、さらに突っ込んで尋ねてみると、冒険とは、どうやら現状から逃げ出すことのようだった。

このふたりにとって、解決策は本当にお金だろうか？

お金で実現したいことがあるなら、お金以外の方法で実現できないかも考えておくべきだ。たとえば、病気の家族の治療のためなら、医療保険に加入し、毎月少しずつ保険料を払っていくという方法のほうが近道かもしれない。

手に入れたいものが、本当にたくさんのお金を必要とするのかも考えてみよう。

私は車とボートが大好きだ。だが不思議なことに、収入が増えても車とボートにかけるお金は増えていない。古くて安いものを買ってメンテナンスをするのが楽しいからだ。

あなたはなぜお金が欲しいのだろう。そのお金で何をしたいのだろう。

自分なりの目標を決め、決めたら紙に書き、どこかにしまっておこう。目標は紙に書くと、よりリアルに感じられる。それに、いつか紙を見て、最初の目標と、実際にたどり着いた場所を比べてみることもできる。

Rule 35

お金がお金を生むことを理解する

お金がお金を生む——お金について、これ以上の真実は存在しない。お金は、まるで子だくさんのウサギのように、静かに、しかしあっという間に繁殖する。

金持ちはますます金持ちになり、貧乏人はますます貧乏になる——悲しいことだが、事実だからしかたがない。あなたは、この問題を解決しようと努力することもできるし、ひたすら座ったまま文句を言うこともできる。どちらを選ぶかはあなた次第だ。

実際、お金がある程度貯まると、そこから先は加速度的に増えていく。

なぜそうなるか知りたければ、「複利」という概念を理解する必要がある。これを知らないとお話にならないほど重要で、すべての蓄財の基礎だということだけは言っておく。

だが、ここでは詳細な説明はしない。これはそういう本ではないからだ。知りたい人は、金融の専門書を読んで勉強しよう。そもそも、ここで簡単に説明してしまったら、結局あなたは自分で何も学ばないだろう。

私のこれまでの観察によると、**複利という概念を理解している人はお金持ちであり、理解していない人はそうではない。**

収入をすべて使っていたら、複利の威力を活用できる日は永遠にやってこない。お金にお金を生んでもらうには、まず貯金しなければならないのだ。ウサギ牧場を持っていても、ウサギをみんな殺して食べてしまったら、牧場経営もそこで終わりだ。

あなたが始めなければならないのはお金の牧場だ。あなたのお金はどんどん繁殖する。そうなっても全部使ってはいけない。そんなことをしたら、ウサギが一匹もいなくなってしまう。

これはまったく難しい話ではない。それなのに、理解していない人が多すぎる。あなたはもう理解したはずだ。そんなあなたに、最高のアドバイスを贈りたい。

- **毎月、決めた額を必ず貯金に回すこと。**
- **貯まったお金の〝ごく一部だけ〟を消費に回すこと。**
- **貯まったお金の大部分を投資に回すこと。**
- **周囲の人には秘密にすること。**

Rule 36

目先の楽しみより、将来のお金を選ぶ

あなたは自分のことをどれくらい知っているだろう？　たいていの人は、自分のことをよく知っているつもりでいる。ところが、禁煙する、減量する、お金持ちになるなどの目標ができると、いかに自分を知らなかったか気づくことになる。自分とは、思っていたよりも怠け者で意志が弱く、簡単にあきらめるものなのだ。

もし私があなたのメンターになり、お金持ちになる方法を個人的に伝授するなら、まず確認したいのは、あなたが本気かどうかということだ。

- **あなたの決意は本当に固いのか？**
- **努力する覚悟はあるのか？**
- **あきらめない粘り強さはあるのか？**
- **スタミナは？　ガッツは？　ぶれない心は？**

覚悟がないのなら、成功するのは難しい。私はなにも、あなたのやる気を削《そ》ごうとしているのではない。お金持ちになるのは、学んで身につけられるスキルだ。ただ、本気で学ぶ覚悟と決意が不可欠だ。

もしウィンブルドンのチャンピオンになりたいのなら、5歳にはテニスを始めて、14歳までにはジュニア大会で優勝する必要がある。お金もそれと同じだ。太りすぎの中年が、テニスを始めていきなり世界大会の決勝に出られるわけがない。

私は貧乏な学生だったころ、食費のために貴重な本を売ったことがある。いずれ高値がつく本を所有するか、一度の食事を楽しむかという選択で、後者を選んだのだ。最近になって、同じ本を古本屋で見かけたのだが、自分がバカな選択をしたことを思い知らされるような値段がついていた。要するに、学生時代の私はお金持ちになる道ではなく、貧乏になる道を選んでいたのだ。

お金持ちになるには、若くて貧乏な時代から、かなりの犠牲を払う覚悟が必要だ。**自己管理を徹底し、目先の快楽に惑わされず、長い目で見た利益を第一に考える。**自己管理と、目先の快楽をがまんする力――このふたつの能力は、身につけておいて損はない。

Rule 37

お金持ちに見える人になる

以前、求人広告を見ている男性を見かけたことがある。よれよれのパーカーを着て、フードをかぶり、背中を丸めてポケットに手を入れていた。髭も剃っていなかった。おそらく面接もその格好で行くのだろう。残念ながら、彼が採用されることはありえない。

私はこれまでに数多くの採用面接を担当したが、求職者には何度もがっかりさせられた。ちょっとした下調べの努力すらしない人もたくさんいた。

「なぜこの会社で働きたいのですか？」「わかりません」

「うちが何の会社か知っていますか？」「知りません」

こんな言葉は聞き飽きたかもしれないが、努力しない人は結果も手に入れられないというのは、紛れもない事実だ。

人間もしょせんは動物だ——サルと変わらない。サルの群れと同じように、弱そうに見える人は、そういう扱いを受けてしまう。

私が言いたいのは、まず見た目を変えなければならないということだ。**他の人に力と自信を感じさせる見た目が必要だ。**

いい服を買うお金がない？　いやいや、高価なスーツでなくても力と自信を示すことはできる。大切なのは、姿勢や歩き方、全体のイメージだ。それに、お金をかけずに身なりを整えることは可能だ。人から借りてもいいし、スーツを安く買う方法もある。

私の場合、最初のカジノの仕事では、チャリティーショップで買った安いジャケットを着て採用面接に臨んだ。ボタンはダブル、襟はサテン、それに蝶ネクタイもついている。私は何度も練習して、面接の本番ではジェームズ・ボンドになりきることができた。そのスタイルは間違いだったと後でわかったが、それでもスタイリッシュな人物として面接官の印象に残り、当時の私にとっては高嶺の花だったカジノに就職することができた。

お金持ちの服装を研究し、スタイルと気品を身につけよう。**周りからお金持ちだと思われれば、それにふさわしい扱いを受けることになる。**

ただし、宝石をじゃらじゃらとぶら下げるような格好はいけない。目指すのは「抑制されたエレガンス」だ。名門、上質、シンプル。清潔感のある髪型に、きれいな爪。そういうイメージを目指そう。

Rule 38

自分の長所と短所を見極める

お金持ちを目指すには「自分の長所と短所」「自分の得意なこと、苦手なこと」を知っておく必要がある。

私自身は、物事を広い視野で眺めて、大きくとらえるのが得意だ。しかし、細部にこだわって根気よく取り組むのはあまり得意ではない。

自分を知っていれば、得意な分野は自信を持って、自分の判断で進めることができ、苦手な分野や、まだ勉強していない分野は、他人の助けを借りるという方法を選べる。

もうひとつ大切なのは、自分の働き方のスタイルを知ることだ。**「チームプレーヤーか、ソロ活動タイプか」。そのどちらかによって、力を発揮する方法が変わってくる。**

私自身は、変則的な混合タイプだ。後先考えずどんどん進んでいくタイプなので、ひとりで仕事をしていると、早とちりしたり、言わなくてもいいことまで言ってしまったりといったトラブルを引き起こしがちだ。だから、落ち着いたパートナーがいるとバランスが取れる。

とはいえ、私に適したチームの人数は2人までだ。それ以上の人数のチームになると、まるで力を発揮できなくなる。そのため、魅力的なビジネスのオファーがあっても、3人以上のチームプレーが必要な場合は断っている。失敗する可能性が高いからだ。

それに、私はひとりで働くのも得意だ。決断は早いし、アイデアを人に話さないと行動を起こせないというタイプでもない。オフィスでのおしゃべりも必要ない――自分を知るとは、こういう自己分析ができるということだ。

お金持ちを目指して前進するなら、次のことを確認しておかなければならない。

- **自分の長所と短所を知っているか？**
- **自分の得意なことと苦手なことを知っているか？**
- **ひとりで働くことに向いているか、それともチームを組んだほうがいいか？**
- **チームの中に自分に向いている役割はあるか？　自分はその役割に満足できるか？**

Rule 39

ゆっくり時間をかける

お金持ちへの道は長期戦だ。

手っ取り早くお金を増やそうとすると、精神的にもすぐに疲れてしまう。

それに、時間をかけずに増えたお金というものは、たいていひとつの収入源から入ったものだから、その流れが途切れればすぐに元通りだ。

お金を増やすのは、じっくり時間をかけたほうがいい。

長期戦でコツコツ取り組んで、バラエティーに富む収入源と投資先を手に入れれば、一度のトラブルではビクともしなくなる。

時間をかけるメリットは、他にもいろいろある。

- **長期的に安定した収入源を確保できる。**
- **不景気やマーケットの急落にも耐えられる。**

- **仕事と家庭のバランスを取って人生を楽しめる。**
- **まっとうな方法でお金を稼ぐことができる。**
- **お金持ちでいることに、徐々に慣れることができる。**
- **お金の知恵や技術を学ぶことができる。**

もしいきなり大金を手にしたら、お金を正しく管理して使う方法を学ぶ時間がないので、結局は浪費することになる。ひとつの収入源では、収入が途絶えるリスクも高い。

ゆっくりと育てた財産のほうが、そのお金をより楽しむことができる。すぐに有り金すべてなくなったりしないし、なんの心配もせずに夜もぐっすり眠れるだろう。

Rule 40

お金を増やすことをやめる基準を決めておく

お金を増やすことをやめる？　前は粘り強く続けろと言っていたじゃないか。そんな反論が聞こえてきそうだ。

粘り強く続けなければならないのは、結果が出始めたばかりのころの話だ。成功して、自分でも予想していなかったほど大きな資産を手に入れたときの話ではない。

物事には潮時というものがある。そのときがきたら、他の大切なことに目を向けよう。

- **家族とすごす時間を増やす。**
- **旅行や他の楽しみに目を向ける。人生を楽しむ。**
- **自分の経験と知識を後進に伝える。**

お金を増やすことに熱中するのはいいことだ。しかし、ある程度豊かになったら、元の場所に戻らなければならない。

ビル・ゲイツにはいつも感心させられる。彼はビジネスから引退し、慈善活動に専念した。それでも彼の資産は増え続けているに違いない。彼が使っているお金は、きっと利息の利息の、そのまた利息の利息くらいのはずだ。

ウォーレン・バフェットも、自分が世を去ったら資産の99パーセントを寄付すると宣言している。

ビル・ゲイツやウォーレン・バフェットとは次元が違うと、あなたは思うかもしれない。たしかにそうだが、それでもゲームの終わりは考えておいたほうがいい。

「ここまできたら十分」というのは、いくらになるのか。どこで線引きをするのか。

アラブ諸国では昔から、「たくさん持っているなら富を与えなさい。少ししか持っていないなら心を与えなさい」と言われている。だからあなたも、たくさん持っている人になったら、その一部を分け与えよう。

資産を築くのは、豊かな人生の一部にすぎない。人生にはさまざまな側面があり、ひとつのことばかりにこだわらないほうがいいだろう。

Chapter 5

幸せな人の子育てのルール

六児の父である私は子育てを通じて、
他の親たちからたくさんのことを学び、
自分でも実践するチャンスに恵まれた。
私たち親は、わが子を心から愛している。
だからこそ、誰もが正しい子育てをしたい。
その一方で、完璧な親はいない。
『英国式非完璧子育て術』を執筆したのは、
親たちが途方に暮れてしまう状況を減らし、
自分の子育てに自信を持ってほしいと思ったからだ。

興味深いことに、この本の読者投票では票はかなり分散した。
もっとも多く票を獲得したのは
「リラックスする」と「子供に敬意を払う」だ。
このふたつのルールは、子育ての基本中の基本だ。
しかし、日々の子育てに忙殺されていると、
いとも簡単に忘れてしまう。
それは読者のみなさんも、骨身に染みて実感していることだろう。

The Rules of Parenting

Rule 41

リラックスする

あなたが知っている最高の親は誰だろう？　最高の親とは、どんな言葉をかけ、どんなことをすれば、幸せで、自己肯定感が高く、バランスの取れた子供に育つのかを、本能的に知っているような親たちだ。

最高の親とされる人たちには共通点がある。それは、リラックスしていることだ。彼らは子育てに関してそこまでしゃかりきになっていない。反対に、最低の親とされる人たちは、何かに強いこだわりを持っている。

知り合いに、病的なまでにきれい好きな親がいる。子供が汚れた服のまま部屋に入ったりすると、彼らはまるでこの世の終わりのように大騒ぎする。子供が本来の置き場所とは違う場所にものを置いたり、部屋を散らかしたりすることにもとても厳しい。これでは子供も息が詰まる。いつも緊張していて、楽しく遊ぶこともできない。ズボンにシミをつけたり、ケチャップのボトルを倒したりしたら、大変なことになるからだ。

勝ち負けに異常なまでにこだわる親もいる。友達同士の遊びやゲームでも必ず勝たなければならないので、子供たちはいつも大きなプレッシャーにさらされている。また、病的なほど心配性で、子供が膝をすりむくたびに大騒ぎする親もいる。このようなタイプはきっとたくさんいるはずだ。

その一方で、私が出会ってきた**最高の親たちは、子供はうるさくて、部屋を散らかし、飛び跳ね、ケンカし、泣きわめき、泥だらけになるのが当たり前だと思っている。**

彼らは子供が何をしでかしてもビクともしない。この小さな生き物をまともな大人にするまでに、18年の猶予があるということを心得ている。だから彼らは子供を一刻も早く大人にしようとあせることはない。**時がくれば自然と大人になると知っているからだ。**

赤ん坊の世話で、いちばん大切なのは生存に不可欠なことだ。お腹は空いていないか、オムツは濡れていないかといったことに気を配り、それ以外のことはさほど心配しなくていい。ボタンを留める位置がずれていても、一日くらいお風呂に入れなくても、たいした問題にはならない。

一日が無事に終わればそれで上出来だ。ワイングラスを片手にくつろごう。そして夫婦で顔を見合わせ、お互いをねぎらう。「とにもかくにも、子供たちは今日も生きている。それで十分だ」

Rule 42

笑顔で優しく接する

私には昔からどうしても納得できないことがある。それは、自分の子供に会って嬉しそうな親がほとんどいないことだ。子供が学校や遊びから帰ってきたとたん、「泥だらけの服を脱ぎなさい！」「早く宿題をすませなさい！」といった言葉が飛んでくる。

私の友人は、子供のころ、体育の授業で転んで頭に大きなコブをつくり、学校を早退したことがある（当時はまだ、こういった事情なら子供がひとりで下校することが許されていた）。友人が玄関のドアを開けると、母親はキッチンの床をモップで磨いていた。そして顔を上げてわが子を見ると、眉をひそめ、「入っちゃダメ。床が濡れているから」と言ったのだ。

こんな扱いばかり受けていては、親に愛されていると実感できるわけがない。子供たちから見れば、母親も父親も、飼い犬や祖父母に会ったときのほうがよっぽど嬉しそうだ。郵便配達の人にさえ、子供よりも愛想よく接している。

嫌な顔はしなくても、子供の存在を完全に無視するという親もいる。まるで家具の一部のような扱いだ。まったく関心を向けないのは、ネガティブな関心を向ける――つまり怒鳴り散らすのと同じくらい悪いと言えるだろう。

平日の朝はたしかにみんな忙しく、急いでいる。しかし、**機嫌よくにこやかに接することに時間も手間もかからないはずだ。**それに、髪をとかしたり、お皿に料理を盛ったりするときに、子供が少しでも機嫌よくなってくれるなら、どんなことでもする価値があるのではないだろうか？

わが子に笑顔を向けるのも、抱きしめるのも簡単なことだ（まだ嫌がる年頃でなければ）。こういった小さな行動が、子供にとってとても大きな意味を持つ。子供はただ、親に愛されていることを知りたいだけなのだ。

もしキッチンの床を磨いたばかりのときに、わが子が泥だらけで帰ってきたら……たしかに頭を抱えたくなる状況ではある。だが、ユーモアを活用して「今は入ってこないで」と伝えることはできるだろう。その後で、協力してくれたお礼にハグとキスをすればいい。

Rule 43

子供に敬意を払う

知り合いのある母親は、わが子に対していつでも命令口調だ。「お昼を食べなさい」「車に乗りなさい」「歯を磨きなさい」。先日、彼女から聞かされたのは、どんなに注意しても子供が「お願いします」や「ありがとう」を言わないというグチだった。何が問題かは言うまでもないが、彼女にはわからないようだ。

子供に言葉づかいを教えるのは簡単だ。子供は親の言いつけに従うものだとされているからだ。一方、大人は違う。そのため私たちは、大人が相手なら丁寧にお願いするが、子供が相手だと命令口調になってしまう。

問題は、子供にはそんな事情など関係ないということだ。あなたが他の大人には丁寧に話しても、子供は気づかない。子供はただ、自分に対する親の言葉づかいを真似しているだけだ。

まともな子供であれば、親の言葉よりも行動から学ぶ。だから、あなたが子供に対して丁寧に話さないなら、子供が同じことをしても責められない。

当然ながら、子供は敬意を払われる資格がある。理由は単純で、彼らが人間だからだ。しかしそれよりも重要なのは、**あなたが子供に敬意を払わなければ、子供もあなたに敬意を払わないということだ。**

子供に敬意を示しても、親の権威は損なわれない。「歯を磨いてね」「テーブルに食器を並べてくれる？」と丁寧にお願いしても、子供は、断るという選択肢はないということを学ぶだろう。お手本を示すという最高の方法で、子供にマナーを教えることができる。

子供が親をお手本にしているのはマナーだけではない。だから約束を破ってはいけないし、ウソをついてもいけない。真似されたくないのなら、子供の前で汚い言葉を使うのも禁止だ。

そんなことをするなら、「お前なんかどうでもいい」とはっきり言っているのと同じだ。もちろん、どうでもいいわけはないし、子供にもそれをわかってもらう必要がある。

わが子を（パートナーを除いた）誰よりも愛しているのなら、誰よりも敬意を払うべきだ。そうすれば、子供も他の人に敬意を払うようになる。

Rule 44

ほめ言葉を賢く使う

すばらしい！　あなたは子育てのルールの４つめまでたどり着いた！　あと半分と少しで「子育てのルールを完全に習得した親」になれる。

これを読んで、あなたが勇気づけられたことを願っている（人をほめるのは勇気づけるためだからだ）。**子育てのルールを実践する親であれば、ほめ言葉は子供のやる気を引き出すモチベーションのひとつになることを知っている。**誕生日には必ずプレゼントをあげるように、わが子が何かを達成したら、必ずほめ言葉を贈ろう。

とはいえ、そう単純な話ではない。ほめ言葉を使えない親はたくさんいる。**ほめ言葉は用法と用量を守って正しく使おう。**「いいものはいくらあっても多すぎることはない」という表現もあるが、ほめ言葉にそれは当てはまらない。出し惜しみしろというわけではないが、子供が実際にしたことにふさわしい量にすることは大切だ。ほめすぎると、かえって価値が下がってしまう。たいしたことをしていないのに、「最高！　天才だ！」などとほめちぎっているなら、本当にすごいことをしたときは何と言ってほめればいいのだろう？

それに、ちょっとしたことをするたびに大げさにほめられていたら、子供は失敗して親をがっかりさせるのを恐れるようになる。子供にそんなプレッシャーは必要ない。

行儀がいいのは当たり前だと考え、子供をほめない親はたくさんいる。しかし子供は、行儀よくしていたときはほめてもらいたいものだ。「おばさんの前で鼻をほじらなくて、いい子だね」「すごく疲れていただろうに文句を言わなかった。えらいね」という言葉を求めている。ほめてもらえるからこそ、これからも行儀よくしていようと思えるのだ。

子供が何かを達成したら、お礼を言うという方法も有効だ。ほめ言葉を浴びせることなく子供のいい行いを認めることができる。「バスタオルをきちんとかけておいてくれてありがとう」「帰ってきてキッチンが片づいていると本当に気持ちがいい。どうもありがとう」お礼を言うのは、子供にいい行いを根づかせるすばらしい方法だ。

ほめ言葉についてもうひとつ伝えておきたいことがある。次のふたつのうち、子供にはどちらがより響くか考えてほしい。「絵がとっても上手だね！」「絵がとっても上手だね。馬が本当に走っているみたい。どうやって描いたの？」

そう、ほめるときはできるかぎり具体的にほめ、さらに質問もしたほうがいい。これが、子供を輝かせるほめ方だ。

Rule 45

何が大切かを明確にする

ルール44で学んだのは効果的なほめ方だ。しかし、子供が何をしたときにほめるべきか、じっくり考えたことがあるだろうか？

子供が何かで勝ったときにほめる親もいる。それはスポーツかもしれないし、勉強かもしれない。行儀のいい態度をほめる親もいれば、見た目の美しさをほめる親もいる。あるいは、とにかく「いい子」にしていることをほめる親もいるだろう。

子供の「何」をほめるかということは、親である私たちの価値観をもっとも雄弁に物語る。子供もそれを基準にして、人生で何が大切かを判断するようになる。

親から見た目の美しさばかりほめられる、あるいは何かに勝つことや食事を全部食べることばかりほめられている子供は、それが人生でいちばん大切なことだと無意識のうちに思い込むようになる。そして親からほめられるために、その分野にすべての力を注ぎ、その分野ばかりを重視する人生を歩むようになる。

つまり、親には、子供の「何」をほめるかということに関して大きな責任があるということだ。勉強の成果ばかりほめ、正しい行動をほめなかったら、わが子にどんな価値観を伝えることになるだろう？　子供の努力をほめるよりも、勝つことのほうをほめていないだろうか？　もちろん、だからといってテストや徒競走で一等になった子供をほめてはいけないということではない。大切なのはバランスだ。

ほめることのプラス面は、親の価値観を子供に教える、きわめて効果的な方法であるということ。「転入したばかりで不安になっているお友達を自分のグループに入れてあげてえらかったね」とほめれば、子供は、優しさと思いやりは大切な価値だと学ぶことができる。同じように、「自信のなさを克服してロッククライミングのクラスに入ったのはすごいことだと思うよ」、あるいは「一等にならなくてもいいんだよ。たくさん努力したことはわかっているから」という言葉にも効果がある。

親として、まず自分にとっていちばん大切な価値を知っておく必要がある。そのうえで、子供がその価値を実践したときを見逃さず、きちんとほめる。

あなたにとって大切な価値が、努力することや思慮深いこと、利他的なこと、勇気があること、意志が強いこと、親切であることなら、ほめることによってその価値を子供に伝えられるのだ。

Rule 46

「学校」と「教育」は違う

学校で教わるのは単なる「情報」だ。たしかに、割り算の筆算や文法といった分析的なスキルも教わるが、その多くは実生活でほとんど使うことがない。外国語など、実際に役に立つものもあるが、学校で教わることの多くは何の役にも立たない。

私は学校を否定しているのではない。学校は、勉強する方法を教えてくれる。これは人生でずっと役に立つスキルだ。ただし学校は、最低でも10年前後通わなければならない。人格が形成される大切な時期に、学校が教えてくれないことも考えてみてほしい。

自分の頭で考える方法、電球を交換する方法、自己主張する方法、借金をしない方法、ケンカになりそうな状況を見極める方法、意見の不一致を友好的に解決する方法、他人に敬意を持って接する方法、車が故障したときの対処法、自分の恐怖と向き合う方法、潔い敗者になる方法、驕らない勝者になる方法……。

「でも、学校は勝つ方法と負ける方法は教えてくれる。運動会はそのためにあるのでは？」

と思うかもしれない。だが学校は、勝敗は教えても、どう勝つか、どう負けるかということは教えてくれない。うまく負けることができない子供は、ずっとそのままだ。

いずれにせよ、**人生のスキルは学校以外の場所でも十分に学べる。**なぜなら、社会的に受け入れられる態度と、そうでない態度を教えてくれるのは、学校の先生ではなく他の子供たちだからだ。地元の子供会でも、サッカーチームでも、公園でも、子供が集まる場所ならどこでもいい。

要するに、**子供を学校に通わせるのと「教育」はまったく違うのだ。**学校はたしかに大切だが、優れた教育はその倍以上に大切だ。教育は親の仕事であり、学校にその役割を期待してはいけない。

知り合いの子供は、学校に通わず家で勉強していたが、学校にずっと通っていた人よりもはるかに優秀で、人間的にも成熟した大人に成長した。つまり、優れた教育に学校は必ずしも不可欠ではないのだ。

学校を頼りすぎてはいけない。学校が教えてくれるのは、便利な情報と、リコーダーの演奏やカエルの解剖といった技術だけだ。それ以外のことは、親であるあなたが教えなければならない。

Rule 47

運動の第3法則を思い出す

あなたは子供を深く愛している。そのため、思春期のわが子が何かとんでもない失敗をして、後で痛い目を見ることになるのが耐えられない。これまでの子育てで、小さな失敗をさせることには慣れているだろう。ケーキの食べすぎや、自転車に乗って下り坂でスピードを出しすぎるといったことだ。しかし子供が大きくなるにつれ、失敗の規模も大きくなっていく。

そして今、友達が集まるパーティーでお酒を飲みすぎたり、露出が多すぎる服を着たりする子供を見守らなければならない。2歳児がケーキを食べすぎるのを見守るのとは、まったく次元の違う問題だ。なかでも最悪なのは、あなた自身と同じ間違いを子供がくり返すことだろう。輝かしいキャリアが手に入ったかもしれないというのに、ただ先生が嫌いという理由だけで科学の単位を落とす。せっかく留学資金を貯めたのに、まともに走らないような車を買って貯金を使い果たしてしまう。

それは間違いだとたびたび忠告してきたはずだ……。しかし、ここで思い出してみよう。

子供のころのあなたは親の忠告に素直に従っただろうか？

子供の身に深刻な危険がないのなら、子供が何をしても黙って見守らなければならない。

親がうるさく忠告するほど、子供はますます危険な方向に行くだろう。彼らはつねに反抗したいと思っている。思春期の子供はそうプログラムされているのだからしかたがない。あなたが力を使うほど、彼らが使う力も大きくなる。ニュートンが唱えた運動の第3法則と同じだ。すべての作用には、同じ大きさの反作用がある。思春期の第1法則と呼ぶべきかもしれない。

子供がとんでもない失敗をしそうになったとき、親には何ができるのか。それは、親の考えを子供に伝えることだ。子供にあれこれ命令してはいけない。考えを伝えるとは言っても「私の考えを教えてやろう！　お前はバカだ」ということではない。「それは君が決めることだ。でも、その車を買ったら留学資金は足りなくなる。そのことについてよく考えたのかな？」というような言い方がいいだろう。

こちらが大人として扱えば、彼らも大人の態度で対応するだろう。今回はダメでも、いずれはそうなる。対等な大人として扱ってもらえるとわかれば、親にアドバイスを求めるようになるはずだ。

Rule 48

マットレスの下を探らない

思春期の子供は、親が知りたくないようなことをしでかすものだ。もちろん親は、それが何であるか知っている。だからこそ心配しているのだ。もし本当に知らなければ、もっと幸せに生きられるだろう。

はっきり言ってさしあげよう。あなたの娘は恋人と、あなたが望む以上の関係になっている。あなたの息子はポルノを見ている。タバコを吸ったことがあるかもしれないし、恐ろしいことにドラッグをすすめられたことすらあるかもしれない。しかし、彼らがそんな証拠を残しているわけがないので、部屋を探しても意味はない。だからわが子のベッドのマットレスをめくったり、秘密の日記を読んだりしないように。

必死になって探したところで、おそらくたいしたものは見つからない。それに、見つけたところでどうする？　思春期の子供に面と向かって突きつける？　やめたほうがいい。親子関係に決定的なヒビが入り、子供は隠し場所をマットレスの下から床板の下に変えるだけだ。

自分の思春期を思い出してみよう。あなたにも親に知られたくないことがあったはずだ。もしかしたら、自分が親になった今でも、親に知られたくないことをしているかもしれない。

これでおわかりだろう。あなたの子供は、思春期の子供として当たり前のことをしているだけだ。**大騒ぎせずに静かに見守っていれば、子供のほうも、何か大きな問題が起きて自分の手に負えなくなったら、親に相談してくるだろう。**それがいちばん大切なことだ。あなたがいちいち大騒ぎしなければ、子供は理不尽に怒られることを心配せずに、あなたに話すことができる。

思春期に至るまでの十数年で、子供に教えるべきことは教えてきたはずだ。あとはわが子を信頼するしかない。そして、ルール47の運動の第3法則を思い出そう。あなたがうるさく言うほど、子供の態度は悪化するだろう。

わが子の秘密を探らない親は、むしろ子供との絆が強くなる。彼らは、子供のプライバシーを守れる親を尊敬する。そして、思春期を理解し、冷静に受け止めてくれるあなたに感謝するだろう。

Rule 49

親がすべてを解決できるわけではない

このルールはかなり厳しい。私たち親がもっとも望んでいるのは、わが子のためにすべてが完璧な環境を整えることだ。もし子供が転んで怪我をしたら、優しく慰める。何か問題を抱えていたら、一緒になって解決する。悲しんでいたら、ハグをする。誰かに意地悪されたら、間に入って子供を守る。

だが**子供も、ときには自分だけの力で本当に大きな問題に立ち向かわなければならないこともある。**私たち親にできることは何もない。そのとき親は、計り知れないほど大きな無力感にさいなまれる。子供が苦しむ姿を見ながら、その苦しみを取り除いてあげることができない——親にとってはまさに最悪の状況だ。

しかし、そういった状況は起こりうる。誰かが亡くなれば、子供がどんなにその人のことが大好きで、悲しんでいても、その人を生き返らせることはできない。子供が親には治せない病気にかかることもあるだろう。あるいは、子供の親のどちらかが去り、子供がその親を必要としているときにそばにいられないこともある。

これらの状況は、子供にとって大切な人生経験だ。生きていれば、思い通りにならないこともある。幼いうちにこのような経験をしなければならないのは、たしかにかわいそうだ。それを見ている親も心が痛む。しかし、遅かれ早かれいつかは学ばなければならない。そしてその時期がいつになるのか、親は決めることはできない。親であるあなたにできるのは、子供に寄り添うことだけだ。わが子が傷つくのを未然に防ぐことはできない。


つまりこのルールは、親にできることは何もないという事実を受け入れるということだ。

あなただけでなく、どんな親でもそれは同じだ。人生にはそういうこともある——ただそれだけのことだ。だから自分を責めてはいけない。わが子が苦しむのを見て、あなたはすでに十分につらい思いをしているのだから。それ以上、自分に負荷をかける必要などないではないか。ただ自分を抱きしめ、少しだけ自分に優しくなろう。

覚えておいてほしいのは、子供も親が奇跡を起こすことを期待しているわけではないということだ。子供だって、親が何もできないときがあることはわかっている。親にできるのは、わが子にたくさんの愛とハグを与えることだけだ。そうするだけで、あなたも子供も、今より少しは気分がよくなるだろう。

Rule 50

子供を罪悪感でコントロールしてはいけない

成人した子供を相手に、「罪悪感を抱かせてコントロールする」という戦術を使う親がいる。子供は繊細な生き物なので、親のちょっとした言葉や仕草にも罪悪感を刺激されてしまうことがある。

たとえば、「あなたのお姉さんは毎週電話してくれるのに」や、「あなたが週末も忙しいのはよくわかっている。私もそれくらい忙しくなりたいものだ」などと言ったりする。その狙いは、わが子に「自分は親のことを気にかけない悪い子供だ」という罪悪感を抱かせることだ。

ひとつ、はっきりさせておこう。**子供は親に対して何の義務もない。本当に「何もない」のだ。**子供の人生の最初の18年間で、親がどれほどの血と汗と涙を流そうと、一切関係ない。子供は「生んでくれ」と親に頼んだわけではない。子供を持つことを選択したのは親だ。だから子育てにまつわるすべての苦労は、すべて親であるあなたの責任だ。

親は子供に対して計り知れないほど大きな責任がある。しかし子供の親に対する責任はゼロだ。だから、子供に「親のために何かしなければ」と思わせてはいけない。親は、わが子の時間も、関心も、お金も、他のどんなものも、絶対に要求してはいけないのだ。

「ルール」を守って子育てをしてきたのであれば、子供は親のためにたくさんのことをしたいと思うだろう。そのうえ、子供に義務感が一切なければ、実際に何かをしてくれたときの輝きがさらに増すというものだ。正しく育った子供は、何も言われなくても年老いた親の面倒を見る。それはあなたがいい親だったからであり、彼らがあなたを愛しているからだ。

罪悪感から親の面倒を見る子供もいるが、彼らは嫌々やっている。そして自分にこんなことをさせる親を恨んでいる。それはあなたの望みではないはずだ。

子供が自らすすんで親を気にかけ、親に時間を使ってくれることを、あなたは望んでいる。子供に罪悪感を抱かせるようなことをしていると、その望みは絶対にかなわない。

親が子供に与えられる最高の贈り物は「自立」だ。子供の自立ではなく、親の自立だ。

親が感情的、社会的、経済的に自立していれば、子供はあらゆる罪悪感から解放される。そのうえで子供が親のために何かしてくれるなら、それはすべて愛から生まれた行動だとわかるだろう。

Chapter 6
上手な愛し方

あるひとりの人との間に愛のある強固な関係を築き、
生涯にわたって維持することができるなら、
それが人生の強固な基盤となり、
人生の他の側面でも成功できるだろう。
真実の愛を見つけ、じっくりと育てていく――
そのためのルールをまとめて、
私は『上手な愛し方』を出版した。

読者投票でいちばん人気があったのは、
私自身も気に入っている「笑顔にしてくれる相手を選ぶ」だ。
実のところ、Rulesシリーズ全10冊の中でも、
もっとも得票数が多かった。
なお、この章には他にも愛に関するルールを厳選して掲載している。
結婚相手や恋人だけでなく、子供や親戚、友人……
大切でいとおしい存在に対しても実践してみてほしい。

The Rules of Love

Rule 51

笑顔にしてくれる相手を選ぶ

相手を選ぶもっとも重要な基準とは、何だろうか？

ルックス、収入、地位……？　こうしたものは時とともに失われる。その人の個性は？　残念ながら、人の性格も永遠ではない。自信に満ちた人も、精神的ショックによって変わってしまうことがある。穏やかな性格の人も、病気などで体調を崩せば気が短くなるものだ。

すべてが消え失せたとしても、ひとつだけ残るものがある。それは、ユーモアのセンスだ。

他の誰よりも、あなたを笑顔にしてくれる人を見つけたら、すぐに結婚しなさい。

これが私からのアドバイスだ。実際、それ以上に大切なことがあるだろうか？

もうひとつ大事なことをお話ししよう。

ただ笑わせてくれるだけでは満点とは言えない。**最高なのは、あなたがあなた自身のことを笑えるようにしてくれる相手だ。**そんなパートナーを見つければ、もう人生は順調だ。それは、絶対に間違いない。

数年前に妻に先立たれた友人は、「何がつらいかって、自分の失敗や悩みを笑い飛ばせなくなったことだよ」と言う。

彼は、妻がいなくなって初めて、彼がハッピーな気持ちになるように、彼女がいつも気を配っていてくれたことに気がついた。ひとりになってからは、何もかもまじめに考えすぎて、前は笑ってすませられたことも、くよくよ悩んでしまうそうだ。

だからこそ、ゴージャスでセクシーだったり、笑顔がキュートだったりする誰かに出会っても、すぐにクラッときてしまってはダメだ。くすぐらないでも、あなたを笑顔にすることができる人かどうか、しっかりと見極めなくてはならない。

Rule 52

相手を都合よく変えることはできない

あなたが生まれながらのきれい好きだとしよう。一度着た服はすぐに洗濯機に放り込むような、神経症レベルのきれい好きだ。

そんなあなたが、何でもほったらかしで、片づいているほうが落ち着かないような相手と恋を実らせた。さて、あなたは愛するパートナーのために、だらしない人間になれるだろうか？

それは無理？　だったら、自分は変わらないまま「相手がきれい好きに変わるべきだ」なんて、どうして要求できるだろうか。

人は変えられない。それは紛れもない事実だ。当の本人が変わりたいと思っていても、難しい。行動は変えられるが、人格までは変えられないからだ。

だらしないパートナーに「タオルをきちんとかけておいて」と説得することはできる。しかし、そのタオルはだらしなくひっかけてあるだけで、それはそれであなたの気にさわる。

そんな相手をきれい好きにするなんて不可能だ。せいぜい〝タオルをかけることができるだらしない人〟にするのが関の山だろう。

こんな性格の人とは一緒に住めない――そう感じるような相手とは、最初から関わらないことだ。「ちょっと性格に問題はあるけれど、大丈夫。いつか私が変えてみせる」などと考えてはいけない。

あなたが探すべき相手は、都合よく変えられる人物ではない。そのイラつく習慣さえがまんできるのが、あなたにとって理想の相手だ。

ここで気をつけてもらいたいことがある。このルールは、あなたを非常に不幸にする相手の性格にも当てはまるのだ。

もしあなたが、アルコール依存症や浮気性、暴力といった点以外は完璧な相手に出会ったとしよう。あなたは、その人を変えることはできない。しばらくは相手も気をつけるかもしれないが、いずれその幸福な時間は終わり、日常生活のストレスが高まれば、また逆戻りする可能性は高い。これだけは、しっかり警告しておきたい。

Rule 53

愛されていないなら自分から別れる

出会ったとたん、あなたはすっかり恋に落ちてしまった。それなのに、相手のほうはあまりピンときていないらしい。

あるいは、もう何年も付き合っていて、相手はあなたのことが好きで、一緒にいるのが楽だと言っている。しかし、あなたは心の底では気づいている――相手が本当はあなたを愛していないことを。

誰かを一方的に好きになってしまうのは、この世でいちばんつらく、受け入れるのが難しいことのひとつだ。だが世界中のいたるところで、同じようなシナリオがくり返されている。思い浮かべてみてほしい。きっといくつも思い当たるはずだ。

この状態を経験し、何年もかかって〝どうしようもない〟と気づき、やっと自分の愛に応えてくれる相手を見つけた人は少なくない。そして、こうした経験を切り抜けた人は、みな口をそろえてこう言う。

「別れて結果的にはよかった。今のほうがずっと幸せだから」

どんなにすばらしい人でも、あなたを愛していなければ、いい関係を築くことはできない。仮に相手が愛してくれるとしても、相手をつなぎとめるために並々ならぬ努力が必要なら、やはりがんばる意味はない。

あなたに必要なのは、今のままのあなたを愛してくれる人だ。そうした人に巡り会って、お互いを大切にする。あなたには、そんな関係を手に入れる資格がある。

だから、愛されていないことに気づいたら、勇気をふるって自分から別れよう。相手を失うのはつらいだろうが、自尊心は失わずにすむ。

そして、いつか振り返ったとき、この決心をした自分がどれほど勇気があって正しかったか、気づくことになるはずだ。

Rule 54

親しき仲にも礼儀あり

今日も長い一日だった。そう、今週はずっとハードだった。あなたは不機嫌で、イライラしている。その気持ちを引き受けてくれるのは誰だろう？

パートナーを、不満やイライラをぶつける〝都合のいいクッション〟にしてしまうのは実に簡単だ。でも、それは正しいことではない。

私の周りにも、イライラした態度でお互いに接しているカップルはたくさんいる。とても気の毒な関係だと思う。

ふたりの関係を大切にしたいなら、お互いに相手を思いやり、尊重することが基本だ。マナーを守り、敬意を忘れずに言葉を交わそう。

「お願いしたいんだけど……」、「ありがとう」、あるいは「できたら○○してもらえる？」

という表現は、過去の遺物ではない。**時代遅れに感じるくらいの礼儀正しさを取り戻す必要がある。**

一日の終わりに、パートナーが疲れていると感じたら、熱いお風呂を沸かしてあげよう。リラックスできるバスオイルを入れたり、浴室にキャンドルを灯したりしてもいい。

「大事にしてくれる人がいる」と、相手が感じることをしてあげよう。

お気に入りの飲み物を出して「今日はどうだった？」と質問し、興味を示して相手の話に耳を傾けよう。

相手がいつも食事を用意してくれるなら、「ゆっくり休んでいて。今日は私が料理するよ」と声をかけるのもいいだろう。

そんなふうにあなたが模範的なパートナーとして行動していれば、不満をぶつけられるすきを与えることはない。そして、あなたの態度はそのまま、相手にもそうしてほしいという無言のメッセージになるだろう。

Rule 55

パートナーにひとりの時間をプレゼントする

数カ月あるいは数年も一緒に暮らしていると、ふたりは〝カップルとしての人格〟を持つようになる。ふたりはともに行動し、ともに人付き合いし、共通の興味を持つ。

ふたりの仲がよいのはいいことだが、ふたりが完全にひとつになって、ずっと離れることなく一緒にすごすのは、必ずしもいいことではない。魔法のように輝く時間はいずれ終わり、退屈な日常がやってくる。

ふたりは、情熱を傾ける共通の趣味を通して知り合ったのかもしれないし、自由な時間にやりたいことは、ふたりとも同じなのかもしれない。

しかしそれでも、それぞれが自分のことを自分のやり方で、自分ひとりでやる時間が必要だ。お互いにひとりの時間を持つことで話題も増え、ふたりの関係はさらによくなる。

人はひとりの時間を持つことで、自分の原点に触れ、幸せを感じることができる。

もしかしたら、あなたやパートナーは〝ひとりの時間〟がたっぷり必要なタイプかもしれないが、それは悪いことではない。

だから、パートナーがあなたと別行動を望んでも、むくれたり、嫉妬したり、ぼやいたりせず、パートナーに時間をプレゼントしよう。

パートナーは、部屋にこもって本を読んだり、編み物をしたいと思っているかもしれない。ボートの船外モーターを修理したいかもしれないし、「1930年代以前のバリ島の切手の世界的な権威になるのが夢」などという人もいるかもしれない。「ひとりで行動したい」というのは、あなたを拒否しているのではなく、ただ自分が何者かを主張しているだけだ。それを禁じれば、愛する人も失うことになるだろう。

誰でも、ひとりの時間が必要なときがある。「自分の時間が欲しい」とパートナーが言ったら、グズグズ言わず、やきもちを焼かず、子供っぽいふるまいは控えて、心から喜ぼう。そのおかげで、ふたりの関係は新鮮さを保てるのだから。

Rule
56

自分から先にあやまる

そのつもりはなかったのに、いつの間にかパートナーとケンカになってしまった。さあ、どうしたらいいだろう？

答えはシンプルだ。相手よりも先に、自分から「ごめんなさい」とあやまる。

あやまるのはどんな気持ちだろう？　自分のプライドを無理やり押さえこまなければいけないと感じるだろうか？

あなたが大人で、しっかりした自分をもっているなら、先にあやまることができるはずだ。なにも500人の観客の前で公開謝罪するわけではない。**あなたにとっていちばん身近で愛しい人に、そっとあやまるだけだ。**あなたにはできる。

では、何をあやまるのか？　本当は自分が正しいと思っているのに、「ごめんなさい」と言うのは偽善だろうか？

あなたは、自分の意見や行動についてあやまるわけではない。〝お互いの意見の違いについての議論をケンカに変えてしまったこと〟をあやまるのだ。

ケンカはどちらかひとりではできない。つまり、ケンカを成立させてしまうほど自分が子供じみていたことを謝罪するのだ。

ケンカを終わらせるには、どちらかが先にあやまる必要がある。そして、それはあなたの役目だ。

心が広く、穏やかに話し合える大人であることを、あなたが先に証明するのだ。

それがうまくできれば、パートナーも大人の態度を見せてくれるだろう。先にあなたがあやまってくれたおかげで、パートナーも、それができる自分を思い出すことができる。

覚えておいてほしい。あなたがあやまるのは、事態を加熱させ、手に負えない状態にしてしまったからだ。もともとの自分の意見や行動に対してあやまるのではない。

ただしこれは、あなたの意見や態度が度を超していなかった場合に限られる。もし本当にやりすぎてしまったのなら、自分の意見や行動についても心からの謝罪が必要だ。

Rule 57

子供よりもパートナーを大切にする

このルールには反発したくなる人も多いかもしれない。実際、このルールを実践できる人は少ない。それは無理もないことだろう。

しかし、このルールは、あなたにとっても、パートナーにとっても、そして将来的にはあなたの子供にとっても、非常に大切なものとなる。

これは〝子供よりもパートナーのために時間を使いなさい〟というルールではない。

実際、特に子供が小さいころは、家庭の時間のほとんどすべてを子供のために使うことになる。しかし、子供への責任と時間配分が大きい時期も、パートナーを人生の中心にすることが重要だ。

これは〝パートナーだけを愛しなさい〟というルールでもない。家族全員を十分に愛するのは当然だ。ただ、愛の種類と、愛にかける時間が大きく違うだけだ。

子供は一生子供のままだと感じるかもしれないが、親と子が一緒にいられる時間はあっという間に終わってしまう。しかし**パートナーとは一生の付き合いだ。だから、もっとも強い絆で結ばれた最良の関係を続けていくことを目標にしなければならない。**

あなたが子供よりもパートナーを大切にすると、いずれ子供たちも、親のあなたよりも自分のパートナーを優先するようになるだろう――それでいいのだ。

自分の両親が、お互いのことよりも子供を大切にしていたら、子供は家を離れて自立する自信とエネルギーをどうやって見つけることができるだろう？

子供が、親にとって自分こそが最大の存在であると自覚してしまったら、親元にいるときは縛られているように感じるし、離れようとするときには罪悪感にさいなまれる。

子供は世の中に出ていき、親のあなたよりもっと大切な誰かと出会って恋に落ちる。あなたの子供が心おきなく相手を探せるように、あなたにも大切な誰かが必要だ。その誰かとは、あなたのパートナーであるはずだ。

Rule 58

最終目標は充実感を得ること

恋に落ちたときの感覚には、何ごとにも変えられないすばらしさがある。ドキドキと胸が高鳴り、仕事は手につかず、食事ものどを通らない。

そのため、恋の魔力にとらわれて、恋愛依存症のような状態になってしまう人もいる。恋愛しているときしか、生きている実感が得られないような状態だ。

もちろん、ふたりの間でそんなドキドキする状態は長く続かない。最初のころの不安や心配はなくなり、気持ちは落ち着いていく。しだいにパートナーがいることに慣れ、相手からの電話にもドキドキしなくなる。

恋愛依存症の人は、その〝ドキドキする気持ち〟を求めている。だからパートナーとの関係が安定してくると、次の恋の相手を探す――ずっとそのくり返しだ。

恋愛初期の〝夜も眠れない〟、〝他に何も考えられない〟という段階が終わったあとに、待っているものはなんだろう？

〝ドキドキする気持ち〟がなくなってしまえば、それ以外に何も残らないような関係もたしかにある。しかし、この章のルールを理解し、適切に考え、行動できる人であれば、そんなことはない。そこには静かな充実感が残っている。

充実感というのはとても繊細な感覚だ。だから、ほとばしるような激情よりも、ずっと価値があることに気づくのは難しい。

しかしこの章のルールを取り入れれば、**恋のはじめの興奮がゆっくりと冷めていくにつれ、そこに〝もっと温かくて愛すべき何か〟が生まれるのを感じるはずだ。**

それこそが、私たちが目指すべき〝充実感を得られる関係〟だ。この関係は、ドキドキする恋愛の上をいく。

誰かと一緒にいることで充実感を得られる――それこそが、本当に深く、もっともすばらしい恋愛をしているということだ。

Rule 59

「忙しい」は言い訳にならない

「今日は疲れたから、電話は明日でいいだろう。急ぎの用でもないし」

こうして、親やきょうだいなど、家族への電話を先延ばしにするのはよくあることだ。そうこうしているうちに、いつの間にか10回以上の「明日」が過ぎ去ってしまう。

これはよくないことだ。**家族と強い絆でつながっていたいなら、そのための努力が必要だ。**恋人との関係を保つために努力するのと同じことだ。

そして、**「努力する」とは、家族のために時間を使うことを意味する。**たとえどんなに遠くに住んでいても、会いにいく。定期的に電話をする。

あなたが忙しいのはよくわかる。家族だってそうかもしれない。むしろ、家族のほうがまったく連絡してこないタイプだということもあるだろう。それなら、よりいっそうあなたがしっかりしなければならない。

3カ月も連絡をしないなんて、家族と呼べるだろうか？

まったく連絡してこない妹のことを許してあげよう。忘れっぽい父親のことも許してあげよう。あなたが自分から連絡すればいいし、自分から訪ねていけばいい。相手は喜び、あなたも嬉しくなる。

大切なのは、家族との時間をつくることだ。どんなに忙しくても、思いついたら、すぐにその場で連絡しよう。

ときには、家族のために自分を犠牲にしなければならないこともある。他のことに使うつもりだった時間を、家族のために使わなければならないかもしれない。

家族が深刻な問題を抱えているときはもちろん、ちょっとしたグチの電話に、1時間も付き合わなければならないこともあるだろう。

しかし、それが家族というものだ。そして、あなたが困ったときには、家族も同じようにあなたを助けてくれる。それが家族だ。

Rule
60

愛はたくさん手渡せば、たくさん戻ってくる

ある知人の話をしよう。

彼は実に社交的で、いつもたくさんの友人に囲まれていた。彼と一緒にいると、誰もが「自分は特別だ」と感じることができるからだ。

友人に困ったことがあると、彼は必ず駆けつけた。妻子がいて、普通に仕事もしているのに、いつでも人のために時間を見つける。聞き上手で、次々とお茶を注いでは、ビスケットを皿に取ってあげる。地域の慈善事業のために資金を集める仕事まで引き受けた。

その彼が大変な不運に見舞われた。母親を亡くし、同じ時期に職も失った。すると、みなが彼の周りに集まった。思いやりを示し、助けようと申し出た。誰もが彼のために悲しみ、それと同時に、彼の親切に報いる機会ができたことを喜んでいたのだ。

不思議なことに、彼はそれに驚いていた。ひどく感激し、「みんながこんなによくしてくれるなんて信じられない」と私に言った。どう見ても当然のことだったのに。

別の人の話もしよう。最近亡くなった年配の男性だ。

彼はいい人だったが、ずっと人付き合いを避けていた。しかし私は、ご近所だったし、残された彼の奥さんの力にもなりたかったので、お葬式に出かけた。

そこにいたのはたった10人だった。そのうちの5人は家族だ。私はひどく悲しい気持ちになった。80年を超える人生で、それはあまりにも少ない数ではないだろうか。

この世界では、愛を与えた場所から愛が返されるとはかぎらない。あるひとりの人間に対するあなたの優しさは、まったく見知らぬ別の人から返されるかもしれない。しかし、**愛を手渡し続ければ、たくさんの愛が自分のところに戻ってくる。**

愛することにかけられる時間は一日に24時間だ。この制限時間はあるにしても、**自分の時間の中からより多くを手渡せば、誰もがもっとたくさんの愛を返してくれる。**

あなたのお葬式に来てくれる人は何人だろう。期待している人数より少なそうだと感じたら、もうちょっと努力して、愛する人を思いやることに心を配ろうと気を引き締めることができるのではないだろうか。

Chapter 7

できる人の自分を超える方法

世間の常識に惑わされず、
自分が決めた道を進む自信が手に入るまでには時間がかかる。
もしかしたら一生の仕事になるかもしれない。
そこで、伝統的なルールだが実は効果がないものをまとめて、
『できる人の自分を超える方法』という書籍を執筆した。
「やられたらやり返す」や、「自分に対して厳しく接する」といった、
いわゆる昔からの知恵は、
たいてい無視したほうがいいことを教えてくれる内容だ。

この本の読者投票の結果はかなり分散していたが、
もっとも得票数が多かったのは、「『成功とは何か』は自分で決める」と、
「高い倫理観を守る」だった。
特に、「高い倫理観を守る」ことは
すべての人が基盤とするべきルールであり、
守っていれば人生の道のりがかなりスムーズになることは間違いない。

The Rules to Break

Rule 61

「成功とは何か」は自分で決める

成功する方法をアドバイスする人はたくさんいる。あなたもきっと、「いい人生を送りたいなら……」というアドバイスを聞かされたことがあるはずだ。

しかし、ちょっと待ってほしい。そもそも成功とは何だろう。そして、成功への道は、たった一本の細い道なのだろうか。

こういったアドバイスをする人は、あなたが人生に望むものを勝手に決めつけている。マイホームや世間体のいい仕事、高い収入を望んでいるに違いないと考えているのだ。

成功には、本当にお金といい仕事が必要なのだろうか。たしかにそれは成功を測る一般的な基準ではあるが、だからといって正しい基準であるとはかぎらない。

成功を測る唯一の基準は、「自分が人生に満足するために必要なものを手に入れたかどうか」であるはずだ。それは高級車かもしれないし、人に賞賛される仕事かもしれない。もしあなたもそうなら、それはそれですばらしい。ぜひ、がんばってもらいたい。

しかし、「それでは満足できない」と感じるなら、あなたが人生に求めるものは別のところにあるのだろう。実際、お金と仕事以外に成功の基準を置く人はたくさんいる。

私の知人に、ウェールズの田舎で自給自足の生活をしている人がいる。同居人は一匹の犬だけだ。それが彼にとっての満ち足りた人生なのだ。彼は、必要なものを自力で手に入れたときに、いちばんの幸せを感じると言っている。

私の息子のひとりは、もう何年も前から、修繕を続けながら古いボートに住んでいる。その生活を楽しんでいるが、ボート修理を仕事にしようとは思っていないそうだ。彼にとっての成功は、古いボートを自分の手でよみがえらせ、自分の家にすることなのだ。

成功の定義は人によってさまざまだ。私たちはみんな違う。何を目標にするかを決めるのは、あなた自身しかいない。

他人に成功の定義を決めさせてはいけない。彼らは、あなたが何に満足を感じるかをまったく知らないのだから。だから、あなたは自分にとっての成功の定義をじっくり考える必要がある。成功の姿がわからなければ、目指すこともできないからだ。

Rule 62

自分の人生の責任を引き受ける

誰でも、いいときもあれば悪いときもある。人からひどい仕打ちを受けることもあれば、やたらとちやほやされることもある。すばらしい先生に巡り会えることもあれば、とんでもない友達に引っかかることもある。人生はいろんなことのごちゃ混ぜでできている。もちろん、他の人に比べていいことが多い幸運な人もいるだろうが、悪いことがまったくない人生は存在しないし、いいことがまったくない人生も存在しない。

大人になって自立してからの人生は、すべて自分の責任だ。気に入らないことを、他人のせいにすることはできない。それは親のせいではないし、学校のせいでもないし、他の誰のせいでもない。大人になったらもう人のせいにはできないのだ。

冷たいことを言うと思うかもしれないが、私はただ事実を述べているだけだ。あなたの人生をよくできるのは、あなた自身しかいない。不幸な子供時代を恨んで、他人を責め続けていたら、これからの人生まで不幸になってしまう。

人のせいにするのはもっとも簡単な選択肢だ。たしかに、大変な苦労をした人なら、その選択肢を選ぶ権利はあるかもしれない。しかし「簡単な道を選ぶ権利」よりも、「これから幸せな人生を送る権利」のほうが、ずっと大切ではないだろうか。

過去の恨みを根に持っているかぎり、今の幸せを手に入れることはできない。自分の人生に責任を持つのは、それが正しいからだけでなく、幸せを手に入れるためにもなるからだ。

周りをよく見てみれば、幸せな人は、それなりの責任を引き受けていることに気づくはずだ。彼らは状況に振り回されず、自分でコントロールするので、犠牲者にはならない。

もちろん、すべてをコントロールできるわけではないし、ときには思い通りにいかないこともある。しかし、きちんと責任を引き受けるなら、状況を正すために行動したり、ショックの余波に自分なりの方法で対処したりできる。

大変な人生を送ってきたのに、犠牲者になることを拒否している人もいる。ネルソン・マンデラのような有名人から身近な友人まで、そういう人がたくさん見つけられるはずだ。あなたも彼らの仲間入りをしたくはないだろうか？

Rule 63

相手の立場から自分を見る

わが家の子供たちはお互いに文句をつけるのが好きだ。虫の居所が悪かったり、疲れていたりするときは、さらにそうなる。それがきょうだいというものかもしれない。

そんな状態を何とかしようと、わが家では「人が嫌がることは禁止」というルールを作ったことがある。相手を嫌な気持ちにさせたら、すぐにやめなければならない。

理にかなったルールだと思われるだろうか？　私も当時はそう思った。しかし、これは愚かなルールだった。しばらくして、子供たちがこんなことを言うのが耳に入ってきた。

「うるさいから口笛吹くのやめてよ。人の嫌がることしちゃいけないんだから」

「バターナイフを出しっぱなしにしないでよ。人をイライラさせちゃいけないんだよ」

そう、お察しの通りだ。子供たちはあらゆることにこのルールを適用し、文句の言い合いにさらに拍車がかかってしまった。私は、そういうことをするとパパがイライラするからしてはいけないと説得しようとしたが、もちろん無駄に終わった。

問題はきょうだいの間だけではない。気に入らないことをする他人はどこにでもいる。お隣さんは、敷地の境にある木の半分を剪定する前に、あなたに一言あってしかるべきだった。しかし、勝手に剪定されたからといって、どれほど困ることがあるだろう？

あなたのルームメイトは、コーヒーが切れても新しいものを出さない。でも、一緒に暮らすのは楽しいし、掃除や片づけはきちんとやってくれる。それなら、あなたが自分で新しいコーヒーを出せばいいだけだ。何でも思い通りにすることはできない。

ここでは、**「相手の立場になって考える」という姿勢が役に立つ。**彼らがあなたをイラつかせるのは、あなたを軽く見ているからなのだろうか。あるいは、彼らはただそういう性格なのかもしれない。たしかに考えが足りないのかもしれないが、物事の優先順位があなたとは違うのかもしれない。

相手の立場になったついでに、今度は**自分が他人の目にどう映るかについても考えてみよう。もしかしたらあなたも、他人をイラつかせているのではないだろうか？**これは私たちの誰もがやっていることだ。だから、他の人がそれをしてしまったときは、もっと理解を示し、寛容になる必要がある。

Rule 64

「偽物の善悪」に惑わされない

きちんと仕事をして、いい人でいて、社会に少しでもいい影響を与える……。これだけでもかなり大変なのに、必要もない義務まで押しつけられてはたまらない。

他人の洗脳に負けてはいけない。朝寝坊したいのなら、そうすればいいし、家の中が散らかったままでいいのなら、片づける必要なんてない。

以前に住んでいた田舎町では、よく隣のご老人に、「今朝は10時までカーテンが閉まっていたわね」などと非難がましく言われたものだ。まるで私が悪い子みたいではないか。

また、親戚のある女性は、チョコレートをすすめられるたびに「困ったわ……本当は食べてはいけないのだけど」と言い、そして結局は箱に手を伸ばして「これが私の欠点なの」とつけ加える。

いや、違う！　チョコを食べるのは悪くもなんともない。チョコはただのチョコだ。食べたければ食べればいいし、食べたくなければ食べなければいい。ただ余計な善悪の価値観を付加しなければいいだけだ。

こういった「偽物の善悪」は、当たり前のように信じられているので、人間関係に深刻な害を与えることがある。

たとえば、家の中の片づけについて、まったく同じ基準を持つ夫婦はほとんどいないが、本来なら、それで問題はないはずだ。ふたりで話し合い、どの程度までなら許容できるかを決め、そのラインを越えたら誰が片づけるかを決める。それだけで十分だ。

しかし実際は、なぜかきれい好きな人のほうが道徳的に正しく、散らかし屋は間違っていることになってしまう。なぜそうなるのか。きれい好きにも、散らかし屋にも、そこに**善悪の入り込む余地はない。純粋に好みの問題だ。**

意識して探してみれば、自分が抱えているたくさんの「偽物の善悪」を見つけられるはずだ。そういった価値観を私たちに教え込んだのは、親や教師だ。中には役に立つものもあるが、たいていは彼らの都合に合わせたもので、本当の善悪には関係ない。

だから、**無用の罪悪感を持たないように注意しなければならない。**自分にしか影響がないことなら、何をしても間違いではないのだから。

Rule
65

死を自然なこととして受け入れる

必ず、人は死ぬ――幼くしてこの現実を突きつけられる人もいるが、多くの人はある程度年を取るまで知らずにすごすことができる。しかし、遅かれ早かれ、自分と本当に近しい人、両親、きょうだい、親友の死を、誰もが経験することになる。

私がこんな話をするのは、この現実に目をつぶっていると、大きなショックを受けることになるからだ。頭ではわかっているつもりでも、実際に起こったときのショックは想像をはるかに超える。そして、それはあなたの一生を通じて何度も起こる。

何事もない時期が何年も続くこともあれば、自分の周りからばたばたと人が消えていくように感じる時期もある。

これればかりは何度経験しても慣れることはない。亡くなる人はそれぞれが大切な存在だ。初めてではないからといって、別れが簡単になることはない。

私たちは人の死を経験し、自分の命にも限りがあるということを自覚する。人は自分が死ぬということがなかなか信じられない。特に若いうちはそうだろう。

しかし、親しい人たちの死を経験すると、いつか自分の番が来るという事実を受け入れられるようになる。

親しい人の死にも、いいところがひとつある。信じられないかもしれないが、本当にあるのだ。

それは、あなたの人生に新しい人がやって来るということだ。**心にぽっかり空いた穴には、新しい人が入ってくる。**

私も自分に子供ができるまで、親しい人の死を受け入れることができなかった。祖父母、両親、昔の友人と、ずっと一緒に生きていける――そんな人生を、選べるなら選びたいと思ったものだ。

しかし、今になってみれば、そんな人生では、逆に多くのものを得られないことがわかる。たとえ永遠に去ってしまう人がいても、新しい出会いにはそれだけの価値があるのだ。

Rule 66

ネガティブなことをポジティブな言葉で表現する

人は誰でも、いつも自分に向かって話しかけている。それも、自覚しているよりもずっとたくさん話している。自分が自分と話しているというのは、なにも奇妙なことではなく、むしろ人間として自然なことだ。

今日から何日間か、自分の頭の中で行っている、自分自身との会話に注意深く耳を傾けてみよう。あなたはどんなトーンで自分自身と話しているだろうか?

自分を慰めるように、優しいトーンで話す人がいる。そういう人たちの頭の中では、「気にすることはないよ。誰にでもできないことはあるのだから」「お母さんに電話する時間は見つからなかったかもしれないけれど、他のことはきちんとやったじゃないか」といった会話が交わされている。

一方で、鬼コーチのようなトーンで話す人もいる。「あれができないなんてダメじゃないか」「かわいそうなお母さん。きっと見捨てられたように感じているだろう。すべてあなたの責任だ」と言ったりしている。

自分との会話が鬼コーチのようになっている人は、劣等感や罪悪感を積み重ねることになり、だんだんと自尊心が低下してしまう。

批判的な親に育てられた人は、自分に厳しく、ネガティブな声を持っていることが多い。もしあなたがそのタイプなら、今すぐに〝新しい声〟を手に入れなくてはいけない。

そのために目指してほしいのが、**思考をポジティブに切り替える習慣だ。ネガティブな気分が押し寄せてきたら、それをポジティブな言葉で表現することに取り組んでみよう。**

これは、旅行のパートナーを、陰気で悲観的なことばかり言う人から、前向きで陽気な人に変えるようなものだ。意識して続けると、日常の基本的な気分が上向きになっていくのがはっきり自覚できる。集中して取り組めば、数日で効果が感じられるはずだ。

これを続ければ、新しい話し方が習慣になり、意識して声を切り替える努力も必要なくなる。もちろん、ときには昔の〝ネガティブな内なる声〟が現れることもあるだろうが、あなたはもう、〝正しい内なる声〟を呼び覚ます方法を知っているのだ。

Rule 67

高い倫理観を守る

「目には目を」という言葉がある。本来の意味とは異なり、世間では「やられた分だけお返ししろ」という意味で使われているが、そんなことをしてはいけない。どんなに腹の立つ状況でも、次のようなことは絶対にしてはいけない。それができる人のルールだ。

- **復讐する。**
- **無礼な態度をとる。**
- **激怒する。**
- **誰かを傷つける。**
- **考えなしに軽率な行動をする。**
- **攻撃的になる。**

つねに、誠実で、礼儀正しく、親切で、寛容で、いい人でいよう。どんなに挑発されても、その姿勢を崩さない。相手がどんなに間違っていても、相手がどんなに失礼な態度をとっても、あなたは決して同じレベルで応酬しない。

つねに〝いい人〟でいよう。礼儀正しく、道徳的に非の打ち所がない。冷静に、威厳を持って話す。相手が何をしても、あなたのその態度を崩すことはできない。

これを実行するのが難しい場面もある。周りが理不尽なことばかりしているのに、あなただけが気持ちを抑えなければならないのは、本当に難しいことだ。

しかし、ここはぐっとがまんだ。その瞬間がすぎれば、**高い倫理観を守った自分を誇りに思うときが必ず来る。この感覚は、復讐の何千倍も気持ちがいいものだ。**

復讐したいという気持ちは私にもよくわかる。しかし、あなたはそんなことはしない。これから先もまったくしない。なぜかって？　それは、もし復讐したら、相手のレベルまで落ちてしまうからだ。復讐はあなたを貶《おとし》め、安っぽい存在にする。あなたは復讐したことを必ず後悔する。**復讐とは敗者への道なのだ。**

やられっぱなしになれという意味に受け止めてはいけない。あなたの言葉も行動も、つねに誠実で、威厳があり、清廉潔白であることこそが、本当の勝利への道なのだ。

Rule 68

悪魔の選択ではなく、天使の選択をする

私たちは毎日、膨大な数の選択をしている。すべての選択を突きつめると、結局は「天使の側につくか、それとも悪魔の側につくか」という判断だ。

あなたはどちらの側につくだろう？　それとも、いつもまったく無意識のうちに選んでいるだろうか？　どういうことか、説明しよう。

私たちの行動はすべて、家族、周囲の人、社会や世界に何らかの影響を与えている。いい影響もあれば、悪い影響もある。どちらになるかは、私たち自身の選択で決まる。

天使の側につく選択、つまり「世界をよりよくする選択」は、難しいことが多い。しかし、**人生で成功したいなら**（成功とはつまり、自分に満足し、幸せで、満ち足りた状態に近づくことだ）、**意識的に「天使の選択」をしなければならない。**

自分がどちらの選択をしているか、考えてみよう。

行列や渋滞で割り込まれたときの自分の反応を思い出す。または、急いでいるときに、誰

かから道を尋ねられる場面でもいい。

友人に貸したお金が返って来ない、会社で上司から「バカ」と言われた、金槌で親指を叩いてしまった……。私たちはいつも、自分の態度を決める選択を迫られている。それは次から次へとやって来る。無意識でいると、つい「悪魔の選択」、つまり「世界に問題を増やす選択」をしてしまいがちだ。

何が天使で、何が悪魔なのかは、あなた自身が基準を決めなければならない。

しかし、心配はいらない。そんなに難しいことではないからだ。

その選択で、あなたは解決策の一部になるか、それとも問題の一部になるか？

その選択で、あなたは世界をよくする人になるか、それとも問題を増やす人になるか？

何が天使で、何が悪魔か。それを自分自身で決めるところに価値がある。

他人に向かって、「あなたは悪魔の側についている」と指摘するのは無意味だ。完全な第三者として客観的に観察し、「あの人は天使の側を選んだな」、「ひどい悪魔もあったもんだ」というように、自分の中だけで評価することはできる。しかし、それを口に出す必要はない。

Rule 69

「だから言ったのに」とは絶対に言わない

たとえば、弟に「車を整備に出さないと危ないぞ」と言っていたとしよう。結局、弟は整備に出さず、そしてあなたの心配した通り、車は夜遅くどこだかわからないような場所で故障した。

または、友人に今の会社を辞めるようにアドバイスしたが、友人は聞かなかった。そして友人の会社が倒産し、管財人の手に渡ってしまった。

こんなとき、あなたはどうするだろう。自分が正しかったことが証明されたら、あなたはどんな態度に出るだろうか。

もしあなたが、「だから言ったのに」と言う人なら、今すぐ**「『だから言ったのに』とは絶対に言わない」という言葉を、紙に100回書いてもらいたい。**

「だから言ったのに」という言葉が登場するのは、誰かに悪いことが起こって、あなたがそれを予想していたときか、あるいはあなたが予想していたチャンスがやって来て、その人がチャンスを逃したときだ。つまり、この言葉の本当の意味は、「ほら見ろ！　私が正しくてあなたが間違っていたんだ。そうでしょう？」ということになる。

相手は間違っていただけでなく、その間違いのせいで苦境に陥っている。あなたはそんな人に向かって、自分が正しかったという事実を突きつけているのだ。

あなた自身が誰かから「だから言ったのに」と言われたときのことを思い出してみよう。あなたはその人に感謝しただろうか。自分が間違っていたこと、それに比べて相手は正しかったことを指摘してもらって、ありがたいと思っただろうか。「だから言ったのに」という言葉を聞いて、優しさと愛に包まれているような気分になり、温かい気持ちがあふれ出てきたことはあるだろうか。

そんなことは一度もないはずだ。なぜなら、「だから言ったのに」などと言われたい人などいないからだ。それは当然の反応だろう。

だから、**自分が正しくて、誰かが間違っていても、何も言わないこと。**あなたが正しかったことは、あなた自身が知っている。それだけで十分ではないか。

Rule 70

罪悪感を具体的な行動に結びつける

いつも罪悪感にさいなまれている人がいる。たいていは育った環境が原因だ。親、教師、過去のトラウマ、宗教など。

そういう人が罪悪感を捨てるのはとても難しい。これは一種の依存症でもあるからだ。実際のところ、罪悪感に溺れることで、心の安らぎを手に入れているという面もある。

子供のころ、すべてのことに対して罪悪感を覚えるような親戚がいた。罪悪感に耐えきれず、よく友達に何時間も相談していた。友達に相談したからといって、罪滅ぼしになるわけではないのだが、少なくとも何時間も自分の話をすることならできる。

そう、これが罪悪感の正体だ。罪悪感の主役は「自分」だ。罪悪感という〝言い訳〟を使えば、自分の話ばかりすることができる。これも一種の自慢に他ならない。**罪悪感を覚える自分は、思いやりのあるいい人だと訴えているのと同じだからだ。**

私はなにも、罪悪感は一切禁止と言っているわけではない。人は誰でも罪悪感を持つ。しかしそれは、自分が間違ったことに気づく一瞬だけで十分だ。

大切なのは、間違いを正すために何をするかということ。それに、自分の間違いに気づいて罪悪感を覚えても、必要な行動を取ると罪悪感は消えるものだ。

罪悪感がクセになっている人に共通するのは、本当にごくささいなことに対しても罪悪感を持つということだ。

たとえばある年配の親戚は、友達を訪ねると約束したのに、ミーティングの予定があることを思い出して行けなくなったことを、本当にくよくよといつまでも思い悩んでいた。私はそのとき、なぜ電話を一本入れて事情を説明しないのか理解できなかった。「ごめんなさい。うっかりしていて予定が重なってしまったの」と言えばすむ話だ。

しかし、大人になった今なら理解できる。彼女にはそれができなかった。問題を解決したら、罪悪感を覚える理由がなくなってしまうからだ。罪悪感に溺れるのはとても楽しいので、そんなに簡単にやめるわけにはいかない。違うだろうか？

Chapter 8

できる人の人を動かす方法

人生の問題のほとんどは他人との関係で生まれている。
誰かを心配したり、誰かに悩まされたり、誰かと争いになったり……。
そこで私は、長年にわたる人間観察から生まれた
「他人にうまく対処する知恵」を伝えたいと考え、
『できる人の人を動かす方法』という書籍を執筆した。
人を理解し、助け、味方につける方法や
難しい人ともうまくやっていく方法について考察する内容だ。

この章では、特に多くの得票数を集めたものを厳選しているが、
なかでも目立って票を集めたのが
「いじめかどうかは受け手が決める」だ。
この考え方は、判断が難しい問題でもある。
仲間内の軽口や冗談のつもりでも相手がそう受け取るとはかぎらない。
逆に、自分が言われる立場になったらどうだろう？
ひとりひとりが自分のこととして真剣に考えるべき問題だ。

The Rules of People

Rule 71

説得で意見を変えることはできない

最近、おもしろい調査の記事を読んだ。ある政治的な問題について、対立する意見を持つ人を集めてふたつのグループに分ける。そしてそれぞれに、その問題に関する客観的な調査データを渡す。するとどちらのグループも、自分の意見を裏づけるデータだけを信じたという。

人が何を信じるかは、その人の世界観によって決まる。その世界観は、育った環境、過去の経験、友達の意見、自分が自分をどう見ているか、といったことで決まる。

政治問題で激論になったときに、相手が自分の間違いを認めたことが今までにあるだろうか。「たしかにあなたの言う通りだ。私は意見を変えるよ」という言葉を、最後に聞いたのはいつだろう？　そんな言葉を聞ける可能性は、ほぼないと言って間違いない。

私たちは、まず直感で何を信じるか決める。それから自分の信念を裏づける証拠を探す。ただし、本人はこうした心の動きを自覚していない。自分の意見は客観的に正しく、相手の意見は客観的に間違っていると思い込んでいる。

政治と宗教の話はしないほうがいいと昔から言われているが、それにはもっともな理由があるということだ。**言葉、客観的事実、データといったものに、人の意見を変える力はない。**たいていの場合、こちらが何をしても相手の意見は変わらない。

もちろん、人は絶対に意見を変えないという意味ではない。ただ人に言われて変わることはないというだけだ。変わるなら、自分の経験から変わる必要がある。

あなた自身も、今までに根強い思い込みが変わった経験があるはずだ。振り返ってみよう。

保守主義からリベラルに鞍替えしたのは、何がきっかけだったのか。

ピーナッツバターのおいしさに目覚めたのはいつだったか。

他人に説得されて意見を変えたことは何回あっただろう。おそらく一回もないはずだ。

今度、誰かと議論になり、相手の言い分がバカげていて、非論理的で、何の根拠もないと感じたら、このルールを思い出そう。

私はなにも、自分の意見を主張してはいけないと言っているのではない。ただ他人を説得して、意見を変えさせられるという希望は持たないほうがいいと言っているだけだ。

Rule 72

いじめかどうかは受け手が決める

からかうのが許されるのは、そこに愛情があり、相手を傷つけることではないからだ。しかし、〝ちゃかす〟場合は、相手を傷つけ、いじめていると解釈される可能性がある。

私はこの〝ちゃかす〟という言葉を、相手を笑いものにして嫌な気持ちにさせる行為という意味で使っている。〝いじめ〟との違いは、ちゃかしている本人には悪気がない点だ。

いじめかどうかを客観的に判断するのは難しい。たとえば職場の人に、冗談でバカにするようなことを言われたとする。あなたは別に気にならず、一緒におもしろがっていた。しかし、その同じ職場の人が他の人にまったく同じことを言った場合、言われた人は深く傷つくかもしれない。このような場合、いじめかどうかの判断は難しい。言った人に悪気はなかったのだが、現に誰かを傷つけてしまった。

気をつけなければならないのは、〝何をどんなふうに言うか〟だけではない。〝誰に言うか〟ということも、よく考える必要がある。

たしかに混乱するかもしれないが、基準は受け手によって変わるのだからしかたがない。**誰かにとっては笑える言葉も、他の人にとっては深く傷つく言葉になる。**あなたには、その背後にある理由はわからないし、相手の反応を事前に知ることもできない。

つまり、こういうことだ。からかって笑いを取ろうとするときは、相手の反応をよく見る。**相手が不快に思っているようなら、二度と同じことを言ってはいけない。**

友人の中に、こちらが嫌がるとわかっていてしつこく何かを言い続ける人がいるのなら、その人はいじめの領域に入っているということだ。

仲間内の〝ちゃかし〟は、最悪のケースにもなりかねない。誰かひとりをターゲットにして、仲間の結束を強めるような目的に使われた場合、いじめに発展する危険がある。こうしたケースが深刻になりやすいのは、被害者が声を上げることはないからだ。あなたは、自分の仲間内でこのような事態にならないように、注意しなければならない。いじめには加わらない。そして、やめさせるように努力する。もちろん簡単なことではない。しかし、それでもやらなければならないのだ。

Rule 73

いじめの心理を理解する

いじめをする人が、他人を犠牲者にする理由は、犠牲者は加害者に柔順だからだ。つまり、加害者は支配者になることができる。いじめをする人は、この支配者の感覚を手に入れたいと思っている。

彼らはなぜその感覚を求めるのか。それは、自信がなく、自分の無力さを自覚しているからだ。彼ら自身が人生をコントロールできず、心の中に恐怖を抱えている。

いじめをすると、自分が大きくなったように感じる。事実はそうでないとしても、周りから一目置かれたような気分になれる。もちろん、彼らのそばにいる人は、彼らを尊敬しているわけではなく、ただ自分に害が及ばないようにそうしているだけだ。

いじめはどうあっても正当化できない。しかし、いじめをせざるをえない彼らの事情に同情することならできる。

いじめる人の心情を理解すれば、少しは楽になる。彼らは、心に弱さを抱えたかわいそうな人たちだ。そう思えば、もう相手が怖くなくなるだろう。

もちろん、こちらが相手の心情をおもんぱかったところで、いじめが終わるわけではないし、いじめが許されるわけでもない。

これまでいじめをする人をたくさん見てきたが、幸せな人はひとりもいなかった。**自信があり、人生を楽しんでいる人は、いじめはしない。**それで得るものは何もないからだ。

ときには、いじめをする人の心理を理解するだけで解決につながることもある。もちろん、いじめられている人がそれをするのは、かなり難しいことだ。

そこで、学校や上司や親が間に入れば、問題を解決できるかもしれない。ここでのカギは、いじめる側の話をよく聞くことだ。彼らが抱えている闇を見つけ、それを解決する手助けをする。

助ける相手が違うと感じるだろうが、周囲が幸せになるなら、そうするべきだ。

実際、いじめをする人は、たいてい助けを必要としている。いじめは自分を守るための衝動的な行動なのだ。さらに、彼らのほとんどは、自分のいじめを自覚していない。むしろ自分のことを、無力な犠牲者だと思っているのだ。

Rule
74

隠された不安に敏感になる

仕事でプレゼンをまかされたことはあるだろうか？　人前でのプレゼンはかなり緊張するものだ。上司や、上司の上司を感心させなければならない。不安や心配が次から次へと襲ってくる。重要な仕事なのだから、そうなるのも当然だ。

とはいえ、プレゼンがまるで苦にならないように見える人もいる。自信満々で、気負いがまったく感じられない。まるで気軽な散歩でもしているような雰囲気だ。

しかし、あれはすべて演技だ。彼らもまた、あなたと同じくらい緊張している。それに、もしかしたらあなた自身も、他の人には冷静で自信満々に見えている可能性も十分にある。

本当に緊張しない人も中にはいるが、あなたが思っているよりもずっと少数派だ。あなたが緊張のあまり過呼吸になって気絶しそうになるレベルだとしても、自分と同じような人はかなりいると思って間違いない。

プレゼンで緊張しないという人でも、他の場面では緊張している。生まれてから一度も緊張したことがないという人は存在しない。パーティーで緊張する人もいれば、就職の面接で緊張する人もいる。病院に行くと緊張するという人もいる。

生産的な人間関係を築きたいなら、**どんなに自信満々に見える人でも、心の奥に不安な気持ちを隠しているということを知っておく必要がある。**

いつも落ち着いている人が、ふとしたときにまったく予想外の行動を取ることがある。それはおそらく、ただ落ち着いて見えるだけで、本当は不安や自信のなさを抱えているからだ。

プレッシャーを感じて緊張すると、なぜか怒りっぽくなる人もいる。または、口数が少なくなったり、言い訳がましくなったりする人もいる。ウソ八百を並べてでも、恐怖の対象から逃げようとする人もいる。彼ら自身は、自分の不安に気づいていないか、または認めたくないのだろう。しかし、その行動の裏にあるのは、間違いなく不安や恐怖だ。

人の心に隠された不安に敏感になろう。そして不安に気づいたら、その相手に優しくする。不安のつらさは、あなたもよくわかっているはずだ。

Rule 75

子供の気持ちは誰にもわからない

先日、十代の息子が私にハグしてきた。私も息子を抱きしめようとすると、息子は「やめてよ!」と言った。これがまさに思春期というものだ。

思春期は矛盾の塊だ。自立したいという本能的な欲求はあるが、その一方で大人になるのが不安でたまらず、一生親に世話をしてもらいたいとも思っている。

だから彼らは、親のハグを求めながら、親に触れられるのを嫌がるのだ。親の庇護を求める気持ちと、自立を求める気持ちが、子供の中に同居している。

正反対の感情を抱えているために、彼らは極端から極端へ振れる。だから、あなたのことを大嫌いと言いながら、あなたの胸でめそめそ泣いたりするのだ。

思春期の子供が親を嫌うのは、自立への第一歩だ。自立しなければならないとわかっているのに、親の愛のせいで自立心が揺らいでしまうので、大嫌いと言って突き放すのだ。

長年の観察でわかったことがある。それは、思春期の問題で苦しむ子供は、他の子供と比べて自立心が強く、同時に自分に自信がない傾向があるということだ。反対に思春期の問題が少ない子供は、自分に自信があるが、それほど強く自立を求めてはいない。ほとんどの子供は、ふたつのタイプの間のどこかに当てはまるはずだ。

親であるあなたは、できるかぎり子供の自立を助けなければならない。大人としての責任感と生活態度を身につけるのが早いほど、〝大人になるのが怖い〟という気持ちも小さくなり、自立への道を順調に進むことができる。

親は、子供の代わりに決断したり、失敗の尻ぬぐいをしたり、服やお金を与えたり、スケジュール管理をしたりするのをやめなければならない。一度にすべてをやめるのではなく、少しずつ管理を手放していくのだ。

大人になることは、心理的な重労働だ。準備していても、簡単にできることではない。だから子供は、いきなり親に抱きついてきたりする。その後でいつもより反抗的になり、親なんか必要ないとわからせようとするが、それは一種の照れ隠しだ。

子供が完全に自立すれば、また平和なハグができる。それまでに〝子供の気持ちがわからない〟という経験をするのは避けられない。なぜなら、子供自身にもわかっていないからだ。

Rule 76

あえて〝変な人〟に話しかける

人間は基本的にとても保守的であり、知っているものに囲まれていると安心する。対象が人でも、それは変わらない。他人を見るときには、服装、言葉づかい、態度、髪型などから、〝自分の知っているタイプ〟に分類して理解し、安心する。

だから、分類できない人に遭遇すると、私たちは動揺してしまう。そして〝変な人〟に分類して、近づかないという解決策を選択する。

しかし、〝変な人〟の定義は環境によって変わることがある。みんなが〝変な人〟である環境へ行くと、むしろ変であることが普通になるからだ。

私は以前、グラストンベリーに住んでいた。イングランド南西部にある小さな町で、ヒッピーのたまり場として有名な場所だ。

ロンドンの友人は、ヒッピーのことを「髪がぼさぼさで、持っている服を一度に全部着る変な人たち」と言っていたが、グラストンベリーではそんなヒッピーも普通の存在になる。なぜなら、同じような人がたくさんいるからだ。

しかし、ヒッピーが平日のオフィス街に出現すれば、とたんに〝変な人〟として警戒されてしまう。もちろん、オフィス街で働くヒッピーもいるだろうが、仕事中は周りに合わせた服装にしているはずだ。

いずれにせよ、**〝変な人〟として浮いてしまう人は、自分らしくふるまっている。彼らは自分らしくしているだけなのだ。**そう考えると、〝変な人〟の生き方に、どこかすがすがしさを感じないだろうか。

あなたが〝変な人〟を敬遠しているなら、一歩踏み出して、彼らと話してみよう。もしかすると、あなたが今まで会った中で、いちばんおもしろい人かもしれない。

〝変な人〟を遠ざけていたら、本当におもしろい人に出会うチャンスをみすみす逃してしまう。安全地帯の外に出ると人生が豊かになるということも知らないままだ。失うものなど何もない。自分から話しかけてみよう。

Rule 77

本当の問題に目を向ける

こんな場面を想像してほしい。相手とあなたとの間には、何らかの問題がある。そして相手もあなたもその問題を解決するために努力するが、それでも問題が続くというシーンだ。

これはとてももどかしい状況だ。どんな人間関係でも起こりうるが、パートナーとの関係で起こることがいちばん多い。

この問題はあくまでも表向きであって、その奥に本当の問題が隠れている。だから、目先の問題が解決したところで、解決にはならない。本当の原因を突き止め、それを解決することが必要だ。

しかし厄介なことに、相手も本当の問題に気づいていないことが多い。表向きの問題が本当の問題だと本気で信じている。

例をあげて説明しよう。あなたはパートナーから、家事をしないことを指摘された。そこであなたは、家事の時間を増やすことにした。これでパートナーも納得したはずだが、依然として「洗濯をしない」「庭の手入れをしない」などと苦情を言われる。

相手の希望をかなえたのに、問題がなくならないのはどうしてか。ここであなたは、気づかなければならない。**相手が指摘している問題は、本当の問題ではないのではないか？**

一般的に、表向きの問題は氷山の一角にすぎない。水面下に潜む、巨大な問題があなたのターゲットだ。

例にあげたケースで考えてみよう。ここでの本当の問題は、パートナーが「自分は十分に感謝されていない」と感じていることだ。だから、あなたが掃除の時間を増やしたところで何も変わらない。本当の問題は手つかずのままで残っている。

ここでの問題は、家事の分担ではない。あなたが考えなければならないのは、パートナーに「自分は認められている」と感じてもらう方法だ。

家事の分担は、大きな問題の一部にすぎない。そもそも、根本の問題を解決すれば、誰がどの家事をするかという問題もなくなるかもしれない。

Rule 78

孤独とは人間関係の問題ではない

孤独な人と聞くと、多くの人はひとり暮らしの老人を思い浮かべるかもしれない。たしかに彼らの多くは孤独だ。

だが「孤独」という言葉は、家族や人間関係の状態を表しているのではない。**孤独とは、心の状態のことだ。**

人との接触が少なくても、満ち足りている人はいる。むしろ、だからこそ幸せだという人もいるだろう。たとえば、人里離れた田舎でのひとり暮らしを満喫している人を思い浮かべてみよう。彼らは孤独ではない。なぜなら、それが自分で選んだライフスタイルだからだ。

逆に、いつもたくさんの人に囲まれていながら、それでも孤独を感じる人がいる。結婚していても、心のつながりが感じられず、孤独にさいなまれている人は驚くほどたくさんいる。

私の友人に、長年独身暮らしを楽しんでいた人物がいる。彼は、ある女性と恋に落ち、結婚した。やがて、その彼女が亡くなり、彼はまたひとり暮らしになった。

結婚前のひとり暮らしは楽しかったが、今は違うと彼は言う。妻との親密な関係を知ってしまうと、ひとりでいるのが寂しくてたまらなくなったのだ。

多くの人は、自分が孤独であることを認めようとしない。だから、**もし相手が勇気を出して孤独な気持ちを打ち明けてきたら、たとえ相手が大家族でも、友達がたくさんいても、仕事で多くの人に会っていても、驚いてはいけない。**

人はどんな状況でも、孤独を感じることはある。元気がない人がいたら、その人の状況に関係なく、もしかしたら孤独なのかもしれないと考えてみよう。

孤独な人は、あなたや私が思っているよりもたくさんいる。もし助けになりたいのなら、ただ一緒に冗談を言って笑うのではなく、心の問題が話せる存在にならなければならない。

そうすれば、相手はあなたを信頼し、安心して心を開くだろう。それで相手の孤独も、少しは癒えるかもしれない。

Rule 79

自分のアイデアを人の手柄にする

人は自分の意見と同じものに賛成するものだ。実際のところ、「自分の意見」というよりも、「自分のものだと信じている意見」に賛成する。

つまり理論上は、「これは自分の意見だ」と相手に信じさせれば、どんな意見であっても同意させるのは可能だということだ。

この方法がうまくいけば、すべての人が勝者になれる。あなたにとっても、相手にとっても、自分の意見が通ったことになるからだ。

ただし、**このテクニックはさりげなく使わなければならない。しかも、効果があるのは初期段階だけだ。**あるアイデアについて誰かと大激論を戦わせてしまったら、そのアイデアを相手のものだと信じさせようとしても無理な話だ。

ある高校の理事をしている知り合いは、このテクニックの達人だ。理事会のメンバーは多種多様だが、毎回意見が割れていては、学校の経営はうまくいかない。

ここで**肝心なのは、自分のアイデアを相手の手柄にすることだ。相手が提案したアイデアだと言ってしまえば、相手も「それは違う」と言いにくくなる。**

相手の話をよく聞いて、説得できそうな糸口を探ろう。

たとえば、学校が規模の拡大を計画しているが、ある理事が「生徒が増えると家庭的な雰囲気が消えて、大学と同じになってしまう」と反対したとしよう。あなたは、こう答える。「おっしゃる通りです。生徒が成長するには、広い世界に目を向けて、大学に備えなければなりませんね。その視点がありませんでした。ありがとうございます」

または、こんな言い方もある。

「あなたの意見を聞いて、このアイデアのよさに改めて気づいたんです」

「それは本当にいいアイデアですね。それなら、こうも考えられませんか？」

相手に思い通りの言葉を言わせることはできないが、相手の発言をふくらませることはできる。

このテクニックを使うときは、こちらの意図を悟られないように注意しなければならない。うまくいくのは、相手が気分よく信じてくれたときだけだ。

Rule 80

感謝の達人になる

感謝することもスキルの一種だ。ただ「ありがとう」と言うことは大切だが、もっといい感謝の伝え方もある。〝感謝の達人〟になる方法を考えていこう。

最初のステップは、正しい用量を守ること。感謝が足りないのがよくないのは当然だが、感謝のしすぎも考えものだ。ささいなことで大げさに感謝されたら、バカにされたように感じる人もいる。

そもそも、相手は何をしてくれたのか？　感謝を伝える前に、相手の貢献についてよく考えよう。

お茶を淹れてもらうたびに毎回分析する必要はないかもしれないが、プロジェクトで成果を上げてくれた、結婚式の準備を手伝ってくれた、何時間もかけて調べ物をしてくれたといった場合なら、相手の貢献をよく考え、適切に感謝しなければならない。

そして〝感謝していることを具体的に相手に伝える〟。これが正しい感謝のあり方だ。

相手の忍耐強さに感謝しているのか？

何日も残業してくれたことなのか？

細部によく気づいてくれることなのか？

相手の優しさ？　非常事態でも落ち着いていること？

具体的に言葉にして伝えよう。相手は自分のしたことはわかっているが、あなたがそれをどう思っているかはわからない。だからはっきり伝えるべきなのだ。

次に、どうやって感謝するかを考える。ここでは、相手の人となりも考慮に入れなければならない。感謝のされ方にも好みがあるからだ。個人的にお礼を言われるのが好きな人もいれば、お礼のギフトを喜ぶ人、人前で感謝されるのが好きな人もいる。

予想外の感謝は、予想していた感謝よりも効果が大きい。思いがけないお礼のギフトや電話は、儀礼的なお礼よりもずっと効果がある。

大切なのは、相手に「きちんと感謝されている」と感じてもらうということだ。

いつも感謝しているからといって、おざなりになってはいけない。できるだけ具体的に感謝し、相手の貢献をきちんと認識していることを伝えよう。

Chapter 9

できる人の考え方のルール

もっとも幸せで、もっとも成功している人は、
他の人とは少し違う考え方——すなわち創造的な思考をする。
もちろん、思考の役割は創造性だけではない。
優れた思考力の持ち主は、立ち直る力があり、身体も健康で、
仕事でも人生全般でも高い能力を発揮し、問題解決が得意だ。
思考力が向上すると、段取りがよくなり、何かを決めるのも簡単になる。
脳の働きが活発になり、思考が健全になる。
今よりもずっと幸せで、ストレスが減り、計画性が身につき、
人との共同作業がうまくなり、効率が上がるのだ。

『できる人の考え方のルール』でもっとも得票数が多かったのは
「『今、ここ』に集中する」だった。
これは不安、ストレス、抑うつを軽減するためのルールであり、
多くの読者のみなさんに効果があっただろう。

The Rules of Thinking

Rule 81

「自分の人生は自分でコントロールできる」と考える

人生で起こったことを解釈するとき、人間は大きくふたつのパターンに分類される。「すべては運命であり、自分にできることは何もない」と考える人と、「自分の人生は自分でコントロールできる」と考える人だ。科学的にどちらが正しいかはまだ証明されていないが、後者のほうが全般的な幸福度が高いというのは間違いないようだ。

自分の人生は自分でコントロールできるという考え方は、まず何よりも、逆境を乗り越える方法を見つけようというモチベーションになる。自分にできることはほとんどないような状況でも、問題の見方を変えようという気持ちにはなるはずだ。

たとえば、亡くなった人を生き返らせることは誰にもできない。しかし、自分の思考と決断によって、状況に対する自分の反応を変えられると信じていれば、悲しみを乗り越えて立ち直る方法を見つけることができるだろう。

何か悪いことが起こったら、とにかくそれに対して何かしてみる。**その出来事に直接的な影響を与えることはできなくても、出来事に対する自分の反応ならコントロールすることができるはずだ。**考え方を変え、ヨガでも散歩でもいいので、とにかく何かをして心を落ち着かせる。大切なのは、「何を」するかということではなく、意識的に自分の人生をコントロールすることだ。

立ち直る力である「レジリエンス」は、自分でコントロールしていると実感することで強くなる。仕事に不満があるなら新しい仕事を探す。行政に不満があるなら苦情を入れる。心の問題があるならプロのアドバイスを求める。体型に不満があるならダイエットする。何でもいいので、効果があると思われる行動を実際に起こすことが大切だ。

知人の男性は、心底嫌っている仕事についに耐えられなくなり、これ以上みじめになりたくないという思いで辞職した。次の仕事はすぐに見つからなかったが、そこで自分を憐《あわ》れむのではなく、せっかくできた時間を使って文章を書くことにした。ずっと前からやりたいと思っていたことだ。結局、彼が次の就職先を見つけることはなかった。文章で生計を立てることができるようになったからだ。

Rule 82

他人の問題に意識を向ける

自己憐憫を避けるもっとも効果的な方法は、自分の問題にばかりかまけるのをやめることだ。家にこもってうじうじ考えていても始まらない。外に出て、他人の問題に目を向けてみよう。

あなたの友人にも、つらい時期をすごしている人がいるはずだ。どうすれば彼らの力になれるだろう？　彼らはどんなサポートを必要としているか？　具体的な助けを必要としている人もいれば、ただ話を聞いてもらいたい人もいる。通院している人がいたら、車で病院まで送ってあげる。代わりに買い物をしてあげる。職探しをしている人には履歴書の書き方をアドバイスする。一日子供を預かってあげる。あるいは、週に一度電話をしたり、仕事の後に会ったりして相談に乗るだけでもいいかもしれない。

他人のために行動すると、自分の問題を客観的に眺めることができるだけでなく、幸福感も高まる。他人を助けると、自分には価値があると感じることができる。そして自分に価値があると感じると、自尊心を高めることができる。それを続けていると、前向きな態度が身につき、自分の問題にも効果的に対処できるようになる。

人のために時間を使うことに決めたのなら、今度はそのためにどれくらいの時間を使うかを決める。週に1時間でもいいし、もっと長い時間でもいい。ほとんど責任のない立場で活動してもいいし、大きな責任を伴う立場を選んでもいい。地元のスポーツクラブで週に一度、夜に1時間だけアシスタントとして働いてもいいし、地元の学校のPTAの会長を務めてもいい。地元のマラソン大会や、老人ホームのクリスマスパーティーなど、年に一度の行事にボランティアで参加するのもいいだろう。

さらに言えば、できるだけ人と関わる活動にしたほうがいい。家で黙々と封筒に中身を詰めるのもたしかに大切な仕事だが、ボランティア活動の利点を最大限に生かしたいなら、助ける相手となる人々と交流するのがいちばんだ。

人助けは、相手を助けるだけでなく、同じくらい自分を助けることにもなる。他人のために働くと、自分の問題へのこだわりを忘れることができる。そこで得られたポジティブな姿勢は、この先の人生でずっと大きな力になってくれるだろう。

Rule 83

「今、ここ」に集中する

あなたはどの時間を生きることが多いだろうか――過去、現在、それとも未来？ たいていの人は、このうちのどれかひとつの時間を生きている。そしてどの時間にもいい点と悪い点がある。

「今、ここ」に集中する生き方は「マインドフルネス」とも呼ばれている。マインドフルネスについては多くの研究が行われていて、不安やストレス、うつ状態の軽減という効果があることは間違いないようだ。マインドフルネスをきちんと行いたいのであれば、毎日そのための時間をとって続ける必要がある。そうすることでやがて習慣の一部になり、必要なときにすぐにマインドフルネスの状態になることができる。

マインドフルネス瞑想の基本的なやり方を紹介しよう。まず一日に数分でいいので時間をとる。毎日同じ時間、同じ場所で行ってもいいし、日によって違ってもかまわない。静かに行う必要もないし、じっとしている必要もない。歩きながらでもいい。ただ、周りにあるものと何らかの交流を持たないように気をつければいいだけだ。

そして、ただ目の前の瞬間に意識を集中し、純粋に客観的な観察者になる。その瞬間に起こっていることを認識しながら、それらとの間に距離を保つ。批判はしない。左足に少し違和感があるとか、鳥の鳴き声が聞こえるといったことに気づくだけでいい。自分の思考を認識しながら、思考の内容には評価を加えない。

瞑想と聞くと、頭の中を空っぽにしなければならないと思うかもしれないが、マインドフルネス瞑想の目的は違う。**思考や感情はあってもいいが、それにとらわれないようにするのがマインドフルネスだ。**とはいえ、最初のうちは間違いなく思考や感情にとらわれるだろう。マインドフルネスの状態になるには練習が必要だ。自分の思考にとらわれていると気づいたら、すぐに「観察」のモードに戻るようにする。「なるほど、私は明日のプレゼンが不安なんだな」「おや、またいつもの対人恐怖が出てきたようだ」というように、**一歩引いて自分を観察する。思考にとらわれず、思考の批判もしない。**

人間は自分の思考にとらわれがちであり、だからこそマインドフルネスが大切になる。マインドフルネスを実行すると、自分自身と、思考や感情への反応を切り離すことができるのだ。

Rule 84

自分の頭の外で考える

頭の中が散らかっていると、効果的に行動するのは難しい。「そうだ、Aさんに電話しないと……」「洗剤がそろそろなくなりそうだな……」「本当は木曜までに終わらせるはずだったんだけど……」などと、今考えてもしかたがない無駄な思考が頭のスペースを占領し、目の前にある「やるべきこと」のためのスペースが残らなくなるからだ。

以前、プロジェクトマネジャーをしていたとき、私はどこへ行くにもノートとペンを持ち歩き、人に言われたタスクをひとつ残らずメモしていた。自分のやるべきことや、誰かに指示することを思い出したら、やはりすべてメモする。寝るときはベッドの脇にノートを置き、何か思いついたらすぐメモする。そして一日の終わりにノートを見返し、内容を整理する。ノートは何でもかまわない。紙のノートではなく、すべての指示を自分にメールしてもいいし、デスクや冷蔵庫の扉いっぱいに付箋を貼ってもいい。

実は、このルールでもっとも大切なのは「メモをとること」ではない。もちろん書けば忘れないという効果はあるが、本当に大切なのは、あなたの頭の中で起こっていることだ。**書くことによって、頭の中ではさまざまな思考や情報を記憶する必要がなくなり、その分のスペースが空くことになる。あなたはすっきりした頭で、目の前のタスクに臨めるようになる。**

もし目の前のタスクとは関係ないことが侵入してきたら、何かに書いて片づけてしまおう。脳内の大掃除だ。

私はメールをため込まない。その日のメールはその日のうちにすべて処理している。受信トレイに残っているのは必要なメールだけで、送信済みトレイに入っているのは相手からの反応が必要なメールだけだ。そして返信が来たら、送信済みトレイのメールはすぐにアーカイブする。

そんな面倒なことはしたくないと思う人もいるだろう。しかし、私にとって大切なのは、受信トレイと送信済みトレイに必要な情報はすべて入っているので、自分の頭で覚える必要がないということだ。そのおかげで、自分の頭の中はすっきり片づけておくことができる。

Rule 85

新しいアイデアや変化を歓迎する

ブレインストーミング（ブレスト）のコツは、あらゆるアイデアを歓迎することだ。しかし、以前に職場でブレストを行ったとき、どんなアイデアにも「うまくいくわけがない」「それはもうやったじゃないか」と、ネガティブな反応をくり返す同僚がいた。だからといって、自分でいいアイデアを出すわけでもない。彼は、自分が経験したことのある解決策以外の発想がまったくできなかったのだ。

本気で一流の思考を身につけたいなら、この同僚の真似をしてはいけない。**こだわりや固定観念を捨て、新しいアイデアや変化を歓迎しよう。**もちろん、ブレストで出されたすべてのアイデアが有効というわけではないが、だからといって最初から拒絶するのは間違っている。可能性に対してオープンでいなければならない。

ここでひとつ断言しよう。もし過去にやったことがあることしか行わないのであれば、あなたはどこへも進めない。過去にとらわれたまま停滞するだけだ。すべてが順調なときであれば、過去のくり返しだけで十分かもしれないが、それでもさらに向上するチャンスを逃している。そして事態が悪化したときは、硬直した思考のせいで、問題から抜け出すことができない。

世界はつねに変化している。**昨日の解決策は、今日のベストの選択肢にはならない。**50年前であれば、誰かに急いでメッセージを届けたいときは電報を打つしかなかった。もちろんこの方法は現代では通用しない。誰かが起こしてくれたイノベーションのおかげで、テキストメッセージを送るという方法が生まれたからだ。

もちろんこれは極端な例だ。電報からテキストメッセージへと一瞬で変化したわけではない。新しい技術を受け入れる速度は人によって違う。最後まで変化に抵抗した人もいたはずだ。彼らはだんだんと時代に取り残され、いよいよ変化するしかなくなるのだ。

あなたも私も、最後まで変化できない人の仲間入りはしたくない。だからこれからは、「それがいつものやり方だ」という言葉を使うのは禁止にしよう。声に出すのはもちろん、頭の中で考えるのも禁止だ。自分の思考を不必要に制限することなく、あらゆる選択肢の中から選ぶようにしたい。

効果的な問題解決を阻むような硬直した思考は、断固拒否しなければならないのだ。

Rule 86

最初に思いついた答えで満足しない

ほとんどの問題には解決策がひとつ以上ある。コートを着ているときに暑くなったら、たとえば「コートの袖を切って涼しくなる」という解決策が考えられる。もちろん、これがベストの解決策というわけではない。もう少し考えれば、「コートを脱ぐ」という解決策があることに気づくだろう。

お金の問題、仕事の問題、育児の問題、あるいはひとり暮らしができなくなった高齢の母親をどうするかという問題も、解決策はひとつではない。そして最初に思いついた解決策が、必ずしもベストの解決策であるとはかぎらない。

本当によい解決策は簡単には見つからない。時間がかかることは覚悟しておこう。すぐに見つかると思っていると、最初のアイデアが最高のアイデアだと勘違いしてしまう。

もちろん、小さな問題であれば最初に思いついた解決策でもかまわないだろう。しかし、そもそもこの章は、最高の思考法を身につけるためにある。そして最高の思考法とは、最高の解決策を生み出す思考法だ。早く答えを見つけることが目的ではない。

それでは、どうすれば「これが最高の解決策だ」と判断することができるのだろうか。たとえば、高齢の母親をどうするかという問題について考えるとしよう。あなたにとって絶対に外せない基準は、母親自身の幸せだ。この基準を満たさない解決策はすべて排除される。**解決策を考えるときは、このようにまず、「絶対に満たさねばならない基準」をリストにしてみる。**

そして解決策が浮かぶたびに、「この案はいい出発点だ。ここからどこへ行けるだろう?」と考える。言い換えると、**すべてのアイデアは出発点であり、終着点ではないということだ。**考えが浮かんだら、さらにいい考えにつなげることを習慣にしよう。

解決策はひとつしかないと思い込んではいけない。もっといい解決策はつねにあるはずだと考えよう。他のアイデアもあるかもしれない。何かが突破口になって、発想を大きく変えることができるかもしれない。改善の余地があるのなら、まだ最高の解決策は見つかっていないということだ。

Rule 87

事実の解釈に注意する

思考の大きな落とし穴のひとつは、自分の考えを裏づける事実やデータばかり信じてしまうことだ。この現象は「確証バイアス」と呼ばれている。自分の説を裏づける事実ばかり集めたり、事実を勝手に解釈したりする。確証バイアスは人間の本能のようなものだ。自分が正しいと確信するのは気分がいい。

しかし、優秀なあなたならこんな罠にはまらないはずだ。**レベルの高い思考は、必ずしも気分のいいものではない。**ときには自分の思い込みを検証したり、ある問題への態度を180度転換したりする必要もある。

しかし、最高レベルの思考を目指すなら、これは必要な代償だ。あなたはすでに、自分を盲信してお気楽にすごせるような立場ではない。

事実はあなたを助けるために存在しているのではない。事実は事実だ。ときにはあなたを支持してくれることもあるが、あなたの間違いを厳しく指摘することもある。事実には感情を排して向き合わなければならない。主観的な意味づけは事実の仕事ではないのだ。

たとえば、千人を対象に「好きな犬種は何ですか？」という調査をしたとする。その結果、第一位はラブラドールで、ラブラドールと回答した人は全体の8パーセントだったとする。これは厳然たる事実だ。

そこにラブラドールが好きな人が現れ、この結果を見たとしよう。その人は喜ぶが、特に驚きはしない。ラブラドール好きにとっては当然の結果だからだ。しかし、アンチ・ラブラドールがこの結果を見ても、「わが意を得たり！」と大喜びするかもしれない。ラブラドールが好きな人間なんて10パーセントにも満たないじゃないか、と。

いったいどちらの解釈が正しいのだろうか？　もちろんある意味ではどちらも正しい。ラブラドール好きも、アンチ・ラブラドールも、データを正確に読み取っている。しかしデータの解釈は正反対だ。両者とも確証バイアスの罠にはまっている。

事実の解釈には注意しなければならない。**本当のことを知りたいのであれば、自分の思考プロセスを厳しく監視することが求められる。**たしかに気持ちのいいことではないかもしれないが、それでもやらなければならないのだ。

Rule 88

箱の外に出て考える

昔から「箱の外に出て考えろ」とよく言われる。「箱」とは、硬直した思考のことだ。箱の中にいるかぎり、いつも同じ思考の道筋を通って、同じ結論に到達するしかない。

ビジネスの世界では、箱を見つけられた人のほうが優位に立てる。だから、まず箱を見つけることが出発点だ。**箱が見つかれば、箱の外に出て考えるのは簡単になる。**

例をあげよう。うちの近所では、パン屋はたいてい繁華街にある。人がたくさん集まるからだ。だからパン屋を開きたいなら、人が集まる繁華街を選ぶのがいちばんだ。

しかし今から2年ほど前、箱の外に出て考えた人がいた。彼らは町外れの小さな工業団地にカフェ併設のパン屋を開いたのだ。工業団地といっても規模は小さく、そこで働く人だけでは十分な客数にはならない。たいていの人は失敗を予想するだろう。しかし現在、そのパン屋は地域でいちばん人気があり、カフェはいつもお客で埋まっている。

その理由は、繁華街よりも車の駐車が簡単で、人と会うのに適していたからだ。彼らは

「パン屋は繁華街に開く」という箱を見つけ、その外で考えたのだ。

一度に複数の箱に入っている可能性もある。たとえば、市民会館で結婚披露宴を開く計画を立てるとしよう。その場合、まず「市民会館」が箱になる。他にもっといい場所があるのではないか？　また「披露宴」という発想も箱かもしれない。さらには「結婚」そのものも箱になる。もちろん、そこまで考えたうえで、最終的には正式に結婚し、地元の市民会館で披露宴を開くかもしれない。あるいは結婚ではなく駆け落ちを選ぶかもしれない。結婚はするが、披露宴ではなく食事会にするかもしれないし、仲のいい友達ふたりに同伴してもらって登記所で式を挙げ、そのままハネムーンに出かけ、帰ってから盛大なパーティーを開いて披露宴の代わりにするかもしれない。可能性はいろいろある。

箱の外に出たからといって、もう箱の中に戻れないというわけではない。しかし、一度は箱の外を見ておくのは大切なことだ。そうすれば、自分は本当に箱の中が好きなのか、それとも他に選択肢がないと思い込んでいただけなのか判断できる。**たとえ箱の中に戻ることを選んでも、一度外に出た経験があれば、あなたの地平線は確実に広がっている。**外の景色を知っていれば、箱によって視界が遮られることもない。最初からずっと箱の中にいるよりも発想が柔軟になり、クリエイティブな思考ができるようになっているはずだ。

Rule
89

精神に栄養を与え、想像力を鍛える

アインシュタインも、知識よりも想像力が大切だと認めている。近ごろは、タップやクリックであらゆる知識が手に入るようになったが、ネットがいくら発達しても、想像力はダウンロードできない。そして、クリエイティブな思考のカギになるのは想像力だ。つまり、**あなたに本当に必要なのは、あらゆる手段を尽くして想像力を鍛えることだ。**

アインシュタインはまた、子供の知性を育てたいなら、おとぎ話を読んであげるといいとも言っている。あなたもわが子を頭のいい子にしたいのなら、たくさんおとぎ話を読んであげよう。**物語を言葉で聞くと、頭の中でその場面を想像する。**あなた自身、おとぎ話を読みながら場面のイメージが浮かんだり、登場人物の声が聞こえたりするだろう。

人間の想像力には無限の力がある。素早く動き回り、鮮やかな絵を描くことができる。その力を眠らせたままでいるのは、ほとんど犯罪的な行為だ。

想像力を鍛えるのに欠かせないのは、フィクションを読むことだ。できるかぎり本好きな子に育てよう。映画を観るだけでは、本と同じ効果は得られない。映画は想像の余地を残してくれないからだ。もちろん映画は映画ですばらしいが、本の代わりにはなれない。

小さな子供は魔法を信じている。サンタクロースの存在も信じている。親であるあなたが子供の想像力を大切にすれば、信じている期間はさらに長くなるだろう。知人の子供は、ペットの猫が空を飛べると信じている。両親もその子の夢を壊すことは絶対に言わない（たいていの親は、そこで「バカなことを言わないの」などと言ってしまう）。

想像力を鍛えたいのなら、方法は他にもある。詩を読む、文章を書く、好きな音楽を聴く。また、シュールなお笑いは、いつもの思考パターンを抜け出し、発想を飛躍させるのを助けてくれる。特にイギリスの誇るコメディ・グループ、モンティ・パイソンの作品はおすすめだ。

おもしろいジョークには、決まりきった思考パターンを壊す働きがある。この種のユーモアをたくさん摂取するには、愉快な友達と一緒にすごしたり、テレビのお笑い番組などを見たりするといい。楽しみながら創造的な思考も鍛えられるすばらしい方法だ。

Rule 90

最初に糸のもつれをほどく

以前、知り合いのカップルが複雑な問題に直面していた。今住んでいる場所から250キロ離れているロンドンに引っ越すか、子供の学校はどこにするか、女性のほうが仕事の時間を減らしてスキルを伸ばすトレーニングを受けるのか、もしそうなら何のスキルにするのか——どの決断も、どれかひとつが決まるまでは決まらない。こうした複雑にからみ合った問題は、どうしたらいいかわからないまま先延ばしにされることが多い。

まず行うのは、問題を考えるための順番を決めることだ。住む場所が決まらないうちに、子供の学校のことを考えてもしかたがない。そしてロンドンに引っ越さないのなら、スキルアップのための学校も限られてくるだろう。つまり、ロンドンに引っ越すかどうかを決めるのが最初に考えるべき問題だ。

最初に考える問題が決まると、問題が整理できるだけでなく、問題の優先順位を見直すきっかけにもなる。たとえば、もっとも重要なのは子供の学校だということに気づくかもしれない。それならむしろ学校を先に決めて、学校の近くに引っ越すほうがいい。

問題がかなり整理されてきた。住む場所が決まるまで決まらない問題がわかり、そして自分にとっての最優先事項もわかった。ここから先は、最優先事項である子供の学校を軸に、他の問題も考えていく。住む場所は、いい学校に近い場所でなければならない。行きたい学校が決まれば、住む場所もすぐに決まるだろう。

ここで問題をひとつずつ切り分けて考えていく。まずはスキルアップのための学校だ。仮定の話として、完全に理想の世界なら、あなたはどんな分野のスキルを磨きたいだろうか？ **考えることをひとつに絞ったほうが、頭の中はずっとクリアになる。**もちろん、理想通りに実行することはできないかもしれないが、理想がわかっていれば、どこまで妥協するかを意識的に決めることができる。

問題を順番に並べ、優先順位を決め、問題を切り分ける。この流れで考えれば、複雑にからみ合った問題がずっとクリアに見えてくる。冒頭で紹介したカップルの女性も、このテクニックで思考することで、大きな失敗を回避できた（ただ近くに学校があるからという理由で、興味のない分野のスキルを磨こうとしていたのだ）。

複雑な問題も、ひとつずつ考えていけば、そんなに恐れることはない。

Chapter 10

できる人のよりよく生きるルール

私は以前から、健康に関するルールを集めて
一冊の本にしたいと考えていた。
身体的な健康だけではなく、
健全な感情や精神状態も含めたトータルな健康を扱う本だ。
そこで、『The Rules of Living Well(できる人のよりよく生きるルール)』
という書籍を執筆した(未邦訳)。
集めたのは、心身ともに健康な人たちに
共通する態度や考え方に関するルールだ。
リラクゼーションから自信、レジリエンス(立ち直る力)などのルールを
扱い、心身の健康をあらゆる側面からカバーすることを目指した。

本書でもっとも得票数が多かったのは
「許す、そして忘れない」というルールだ。
毎日の生活でも役に立つものだが、泥沼の離婚や幼少期の虐待など、
トラウマになるような経験をした人にとっては必須と言える。
私自身、実践したところ、人生が大きく改善した。

The Rules of Living Well

Rule 91

自分のことばかり考えてはいけない

はっきり言っておこう。あなたの仕事は、自分のことはなるべく考えないようにすることだ。

私はなにも、あなたを叱っているのではない。自分を第一に考えるなどけしからん、エゴの塊だと言いたいわけではない。**ただ事実として、いつも自分のことばかり考えている人で、幸せな人はめったにいない。**これは私の個人的な意見ではなく、さまざまな調査でも裏づけられている。

自分にかぎらず、何か特定のことばかり考えていると、気に入らないところがいろいろと見えてくる。誰の人生も完璧ではないし、自分の力で変えられないこともある。

そのような「足りない部分」のことばかり考えていると、そのことで頭がいっぱいになる。他人から少しでも軽く扱われたり、バカにされたりすると、必要以上に傷ついたり腹が立ったりしてしまう。

こういう人はあなたの知り合いにもいるだろう。彼らはいつも自分のことばかり話す。あなたが話題を変えようとしても、すぐに自分の話題に引き戻す。すべてのことを自分中心に解釈する。

上司がシフトを変更すると、それは自分に罰を与えるためだと考える。上司は何らかの理由で、自分の人生をみじめにしてやろうとしているのだ、と。彼らはそこで、シフトを変えたほうが効率的になるからだとは絶対に考えない。上司はただ全体のバランスに配慮しただけであって、彼らをどうこうしようという気持ちはまったくないとは考えない。

彼らはいつも自分のことばかり考えているので、上司が自分のことを考えていないという状況が理解できないのだ。自分が中心にいない宇宙もあるという事実を、どうしても受け入れることができないわけだ。

あなたにはできるかぎり最高の人生を送ってもらいたい。そのためには、自分の希望や欲求を決してないがしろにしてはいけない。しかし、**何事もバランスが大切であり、いつも自分のことばかりではバランスが崩れてしまう。**

広い視野で物事をとらえ、その中での自分の立ち位置を知る。外の世界に関心を持ち、そこで自分が果たすべき役割を考える。人生でいいことは、すべて外の世界で起こるのだから。

Rule 92

他人の評価を気にしない

あなたの自信のレベルは、あなたが考える他の人からの評価で決まる。

だが、その考えが間違っている可能性は大いにある。自信のレベルが低い人は「自分は周りからバカだと思われている」「魅力がないと思われている」と考える。周りはまったくそんなふうに思っていなくても、本人がそう信じ込んでしまっているのだ。

つまり、「自分が考える他者からの評価」を基準に、自分自身を評価しているのだ。これは評価の基準としては、かなり頼りないと言わざるをえない。こんな理由で自信をなくすのは間違っている。そもそも、周りの人たちはあなたのことなど考えていないかもしれない。彼らのほうも、自分が周りからどう思われるか心配しているのだ。

問題は、自分が考える他者からの評価が、自分の気持ちに影響を与えてしまうことだ。

私の友人に優秀なインテリアデザイナーがいる。彼女が自分のインテリアデザインを批判されたら、きっと堂々と反論するだろう。しかし子育てを批判されたら、すっかり自信喪失してみじめな気持ちになる。なぜなら、彼女は自分の仕事には自信を持っているが、子育てには自信がないからだ。

この例からもわかるように、**あなたの自信や感情に影響を与えているのは、他人の意見ではなく、自分の気持ちだ。**私たちの多くも、彼女と同じように、人生の各分野で自信のレベルにばらつきがあるという問題を抱えている。

仕事や子育てなど、特定の分野で自信がない場合でも、あるいは生きづらさを感じるといった全般的な自信のなさでも、問題の核心は自分が自分をどう思っているかということであり、他人の見方や意見は関係ない。

だから、他人の意見は無視しよう。自分が仕事ができるかどうかは、自分が決める。もし「できない」と感じても、それでみじめになる必要はない。できるようになるために何かすればいいだけだ。必要な行動を考え、新しい戦略を採用し、助けを求め、訓練を受ける。望むなら、転職してもいい。足りないところを見つけ、改善するというアプローチは、仕事だけでなく人生全般の自信にも活用できる。

「自分にはできない」と思い込んではいけない。**自信のある態度は、後天的に身につけることができる。**作戦や戦略を学び、いつもの快適空間からほんの少しだけ外に出る。そうやって少しずつ、自分が自信を持てる空間を広げていけばいい。

Rule 93

脳をリラックスさせる方法を学ぶ

人間の脳は驚くべき存在だ。使えば使うほど、神経の通り道が強化される。これは条件反射と同じようなしくみだ。食べ物の匂いをかいだだけで唾が出てくるように、何らかの刺激を与えるだけで脳がリラックスするように訓練することができる。

つまり、目を閉じて深呼吸する、ひとりでカードゲームをする、5分間の散歩に出るなど、リラックスしたいときの行動が決まっていれば、脳はそれを学習して、その行動をすると自動的にリラックスモードに入るようになるということだ。

悲しいことに、人生にはストレスがつきものだ。ときにはストレスのある状態が長く続くこともある。家族の誰かが重い病気にかかるかもしれない。あるいは、失業するかもしれないし、夫婦関係が崩壊するかもしれない。住宅ローンの返済に苦労するということもあるだろう。

その状態が、数週間、数カ月、あるいはもっと長く続くこともある。そんなときに、**みずから脳をリラックスさせて不安と恐怖をコントロールするスキルを身につけていれば、大きな助けになる。**

だから、たとえ今はストレスのない状況だとしても、このルールを素通りしてはいけない。むしろストレスがないうちにテクニックを確立しておけば、必要なときにすぐに活用することができる。

もちろん、いざプレッシャーのかかる状況になったときに、リラックスするための時間をたくさんつくれるなら、それに越したことはない。バカンス、ハイキング、友人たちと楽しむ夜、スポーツジム。そういったことはたしかにストレス発散になる。

しかし**大切なのは、小さなテクニックを活用して、日常的なストレスレベルを低く抑えておくことだ。**そうすることで、バカンスや飲み会までの期間も乗り切ることができる。

そして、日常的なストレス管理ができるのは、決められたきっかけですぐにリラックスモードに入れるように脳を訓練した人だけだ。

Rule 94

禅の境地で生きる

このルールを学んだとき、私は雷に打たれたような衝撃を受けた。このルールが大きな驚きだったのは、それまで何十年もの間、日常のさまざまなことに不満を持ったり、ストレスを感じたりしてきたからだ。

たいていの人は、日常的にストレスを感じている。しかし、そのストレスのほとんどは自分が選択していると知ったら、驚くかもしれない。実は、感じなければならないストレスは存在しない。感じたくないなら、スイッチを切ってしまえばいいだけだ。

いや、そんなことを言っている私も、最初は信じられなかった。道路の渋滞、付き合いづらい同僚、昇進試験や就職の面接、パソコンの不具合、シャワーを浴びようと思ったらお湯が出ないなど、ちょっとした問題があるたびにいちいちストレスを感じていたからだ。

しかし、すべては無駄だった。ストレスを感じる必要などまったくなかったのだ。なぜそれまで誰も教えてくれなかったのか……。

この気づきが私の人生を変えたと言っても、あながち大げさではないかもしれない。それ以来、私の心はきわめて穏やかになり、そのおかげで毎日を心から楽しめるようになった。それもこれも、ストレスを感じる必要はないと教えてもらったおかげだ。**ストレスを感じるかどうかは本人の選択であり、感じないほうを選ぶこともできる。**

たとえ気づいていなかったとはいえ、すべては自分の選択だったのだ。渋滞は渋滞だ。自分にできることは何もない。しかし、そのときの反応を選ぶことならできる。渋滞にはまってイライラするか、渋滞にはまっても心の平静を保っているか。どちらの選択肢がいいかは、言うまでもないだろう。

イライラしたところで、渋滞が解消されるわけではない。それなら、考えてもしかたがないではないか。ラジオをつけ、流れてくる曲に合わせて歌い、他のことを考える。

ストレスや不満について語る言葉もよくない。まるで自分に選択肢がないような気分にさせられてしまう。「渋滞でイライラする」や、「同僚のせいで頭がおかしくなりそうだ」などと言うと、まるで渋滞や同僚が私たちをコントロールしているかのようだ。そして私たちは、一方的にイライラさせられる犠牲者となってしまう。

イライラするのは、すべて自分の選択なのだ。だったら、**穏やかでいるほうを選べばいい。そんな選択を積み重ねていくことで、人生は大きく変わっていく。**

Rule 95

食べ物にまつわる習慣を疑う

私たちの中には、残念ながら食べ物との間にかなり不健全な関係を築いてしまった人もいる。その背景にあるのは、食べ物に対する間違った思い込みや習慣だ。食べ物との関係でよく見られる悪いパターンをいくつか見ていこう。

第一のパターンは、食べ物を残してはいけないという思い込みだ。洋の東西を問わず、幼いころから「残さず食べなさい」という教育を受けてきた人は多い。

かつて学校では、給食を最後の一口まですべて食べないと席を立つことが許されなかった。私が残さず食べることが、なぜ世界の飢えた子供たちの助けになるのか、当時の私にはどうしても理解できなかった。

もちろん、食べ物に対して感謝の気持ちを持つことの大切さを説いていたのだと、今では理解できる。しかし、「残さず食べないといけない」というプレッシャーは私だけでなく、多くの人々にとって苦しい思い出として残っているのではないだろうか。

さらにもうひとつ、よく見られる不健全なパターンを紹介しよう。それは、「甘いお菓子や健康によくない食べ物をごほうびとして与える」という習慣だ。親がわが子にいうことを聞かせようとしてこの習慣を活用することが多い。

徒競走で勝った、転んで膝をすりむいた、宿題をすませた、部屋の掃除をした、犬の散歩をしたといった理由で、お菓子やジャンクフードを食べさせてもらえる。それが子供の間ずっと続くと、「今日は嫌なことがあったからチョコレートを食べて自分を慰めよう」「プレゼンをがんばった自分へのごほうび」などと考える大人になってしまう。

不健康な食べ物でも、たまにならまったく問題ない。困るのは、それが何らかの行動と結びついて習慣となってしまうことだ。この種のごほうびは習慣化しないほうがいい。

人間の思考回路というものはまことに興味深い。**幼いころに教え込まれると、その習慣を盲目的に信じてしまう。だが、ときには、続ける価値のあるものかどうか疑ってみる必要がある。**

Rule 96

失敗を楽しむ

失敗はいいものだ。失敗は歓迎すべきだ。人は失敗から学び、そして向上する。失敗のおかげで脳が活性化し、よりよい解決策を見つけることができる。

たとえば乗馬では、まともに乗れるようになるには最低でも3回は落馬する必要があると言われている。もちろん、落馬するのが正しい乗り方だという意味ではない。落馬は間違いなく失敗だ。正しい乗り方を学ぶには、まず落ちなければならないという意味だ。つまり、新しいスキルを身につけたいなら、失敗を歓迎しなければならない。

たいていの学校は、子供に失敗させないようにする。上司も部下の失敗を嫌う。学校の先生も上司も、人は失敗から学ぶということはよくわかっている。ただし、自分の時間——つまりクラスや職場でそれをやってほしくないというのが彼らの本音だ。

しかし、今この瞬間は、あなたの時間だ。あなた自身の学びであり、あなたの失敗を気にする人など誰もいない。**だから好きなだけ失敗しよう。失敗するたびに、次に進むべき道が見えてくる。それが向上するということだ。**他人の目など気にすることはない。

目標が資格の取得でも、新しいスキルを身につけることでも、失敗をすることで課題が見えてくる。自分がどこで無理しているのか、簡単すぎて集中力を失っているのか、どこが難しいのか。

人が周りにいるとうまくできること、雑音があると集中できないこと、情報をもう少し調べる必要があること、自分が焦りすぎていること……。失敗によってこういった気づきが増えるほど、自分の失敗を楽しめるようになるだろう。

失敗を大切にしよう。失敗を受け入れ、失敗を笑い飛ばそう。

私は今でも、妹と一緒に初めて自分で壁紙を貼り替えようとしたときのことを覚えている。あれは貴重な学習経験であり、決して失敗ではない。

最初からうまくいくことなどほとんどない。失敗を受け入れ、糧にすることで成功に近づいていける。

Rule 97

境界線を定めて自分を守る

もしあなたに、いつも喜んで頼みごとを聞いてくれる同僚がいたら、きっとしょっちゅう頼みごとをするだろう。少しだけ仕事を代わってほしいとか、レポートを読んでほしいとか、自分の代わりに上司と話してほしいと頼んだりするかもしれない。

逆のケースもある。あなた自身が喜んで人の頼みを聞くタイプなら、よく頼まれごとをするだろう。ある一線を越えなければ、人助けも楽しいものだ。しかし問題は、相手にはその一線がわからないということだ。

どこまでなら大丈夫で、どの一線を越えたら甘えすぎになるのか。それを知っているのは自分だけだ。だから、相手に自分の境界線をきちんと伝えなければならない。そうしないと、相手はどんどん要求をエスカレートさせていくだろう。

それに加えて、境界線は動くということも覚えておこう。今日は同僚の手助けができても、明日はできないかもしれない。だが当然ながら、伝えなければ同僚にそれはわからない。

今日、上司から残業を頼まれて了承したら、来週もきっと残業できると思われるだろう。たとえもごもごと「今日だけですよ」などと言っても、上司は聞いていない。それが人間というものだ。だからあなたは、明確な境界線を決め、それを守らなければならない。たとえ手伝う余裕がある日でも、そこで前例を作らないほうがいい。

もちろん、人助けは大切なことだが、自分で決めた範囲にとどめておこう。まずは自分の境界線を冷静に決めておく。何が許容できて、何が許容できないのか――絶対に譲れない条件を考えよう。たとえば9時から5時までしか働かないこと、あるいは夜や週末はメールを見ないことなど……。

年に一度の休暇は完全に仕事から離れ、メールも見ないと決めておけば、間違いなく精神衛生上とてもいい。自宅に仕事を持ち帰らないというのも、ぜひおすすめしたい境界線のひとつだ。ここをあいまいにしておくと、仕事を持ち帰るのが常態化してしまう。

いずれにせよ、「こき使われやすい人」になってはいけない。仕事が好きだというなら、それでかまわない。しかし、働き方に不満があるのなら、上司と話し合い、双方が納得できる境界線を決める必要がある。あなたに辞めてほしくないと思っているなら、上司もきっと納得するだろう。

Rule 98

今、この瞬間を大切にする

あなたは、朝目を覚ました瞬間から一日が始まるようなタイプだろうか？　ベッドの中でメールチェックをすませ、シャワーを浴びながらその日最初のミーティングについて考え、朝食もそこそこに玄関から外に飛び出す――。

私たちの多くはこうやって生きている。シャワーを浴びる、着替える、朝食をとるといった行動を特に意識していない。なぜなら、頭の中ではつねに1時間先のことを考えているからだ。

忙しいときは、どうしてもこのような状態になってしまいがちだ。しかし、これでは今この瞬間を生きていると言えないのではないだろうか？

そもそも、シャワーを浴びたり歯を磨いたりしながら、生産性の高い働き方などできるだろうか？　メールだって、本当にベッドの中で読む必要はあるのだろうか？

むしろ、仕事が忙しく、ストレスの大きい時期ほど、これをやってはいけない。息をつく余裕もなければ、リラックスする時間もないというのに、生産性も上がっていないという状態だ。

だから、**一日の始まりは、自分の心と体を同期させることに集中しよう。**シャワーを浴びているときはシャワーを楽しむ。朝食を楽しみ、パートナーや子供とすごす時間を楽しむ。

大切なのは、何かをしているときは、その何かに集中するということだ。まだ起こっていない今日の予定のことを考えて目の前の瞬間をおろそかにするのは、無駄であるだけでなく、心の健康にとっても大変よろしくない。

仕事のことは職場に着いてから考えればいい。そもそも賃金が発生するのは職場に着いてからなのだから、当たり前のことだ。通勤電車の中では本を読む。車で通勤している人はポッドキャストを聴く。徒歩や自転車の人はその日の天候を楽しむ。

仕事で生産性を上げたいなら、仕事以外の時間の使い方こそ、カギとなる。今、自分のしていること、ひとつひとつに集中することが肝心だ。

Rule 99

関係性をアップデートする

パートナーと一緒に暮らしているなら、リタイア後にふたりの関係性が大きく変化することを覚悟しておいたほうがいい。私の知り合いにも、関係がギクシャクするようになった人や、離婚した人もいる。反対に、かえって絆が深まった人もいる。

後者になるためには、**リタイア前に新しい生活パターンから生まれる問題を想定し、基本的なルールを決めておくことが大切だ。**すべての良好な関係と同じように、ここでもコミュニケーションが大きなカギを握る。

それでは、どんなルールを決めればいいのだろうか?

特に大きな問題になるのは、リタイア前は完全に分業していたようなカップルだ。どちらかが働いてお金を稼ぎ、もうひとりは仕事をしないで家のことを一手に引き受ける。当事者のカップルにとっては、これはきわめて平等な役割分担だが、働き手が引退し、お金を稼がなくなったのなら、ひとりが引き受けていた家事をふたりで分担するのが理にかなった解決策だろう。

逆に、家事を担当していた人がそのまますべての家事を担当するようなことになると、とたんに不公平感が生まれてくる。なぜなら、それは紛れもなく不公平だからだ。だから、外で働くことを担当していた人は、リタイア後は家事も引き受ける必要がある。

しかし、家事担当だったパートナーのほうも、よくよく注意しなければならないことがある。新たに家事に参入してきた相手をアシスタントのように扱ったら、恨みを買うことになるだろう。現役時代は部署のトップを務めていたような人が、掃除機も満足にかけられないなどと注意されたら、当然おもしろくないはずだ。

他にも考えなければいけないことはある。たとえば、どれくらいの時間をふたりで一緒にすごすのか。何を一緒にするのか。それぞれどれくらいのプライバシーが必要なのか。

現役時代はふたりとも働いていて、ほぼ同時にリタイアするカップルがいちばんスムーズに引退生活に入れるだろう。しかし、リタイアの形やタイミングがどうであれ、幸せな引退生活を実現するのは可能だ。

お互いに自分の意見や希望をきちんと伝え、ルールに問題があれば修正していく。もっとも大切なのは、相手の立場で物事を考えることだ。

Rule 100

許す、そして忘れない

あなたには、ずっと腹を立てている相手がいるだろうか？　あるいは、ひそかに恨んでいる相手は？　絶対に許せない、死ぬまで罪の意識にさいなまれればいいと思っている相手は？

その相手は、実の親かもしれないし、ビジネスパートナーや恋人、わが子かもしれない。あなたがいつまでも相手を責め、傷ついた気持ちを何度も再現しているかぎり、相手を悪者にすることができる。たしかにこれは気分がいい。しかし、考えてみてほしい。そもそもあなたは、誰を罰しているのだろう？

何が言いたいかというと、いちばん苦しんでいるのはあなた自身だということだ。怒ったり恨んだりするのは決して楽しいことではない。まるで頭の中でスズメバチがブンブンと飛び回っているようだ。あなたはすでに十分に傷ついた。なぜさらに不快な感情を抱えて生きていかなければならないのだろう？

誰かを許すのは難しい。だが、許すのと忘れるのは違う。許したからといって、忘れる必要はない。

許しとは究極的にいえば、受け入れることだ。受け入れるのは、何よりもまず自分のためであり、相手のためではない。

過去は変えられない。変えられない過去とともに生きていく方法を見つける必要があることを受け入れれば、**あなたは今よりもずっと自由で幸せになれる。それは恨み続けるよりもはるかに大切なことだ。**

相手の立場を少しでも理解すれば、相手の行動を正当化しなくても、受け入れることができる。必要なのは、ほんの少しの優しさと思いやりだ——それも、自分自身のために。過去と折り合いをつけ、不快な感情や体験は過去に置いてこよう。忘れたわけではない。ただ受け入れただけだ。

心のファイルを閉じて、安全に保存する。そうすれば、必要なときにそのファイルを開いても、怒りや恨みが再現されることはない。そのほうがずっと心安らかに生きられるはずだ。

Rule 101

ときには直感を信じてルールを破る

実はこのルールは、Rulesシリーズの記念すべき第一作である『できる人の仕事のしかた』に「おわりに」として登場したものだ。しかし内容的にはシリーズすべてに当てはまるため、この本でも101個めのルールとして最後に紹介するのがふさわしいだろう。

本書を読み、しばらくはすべてのルールを厳格に守る。これが正しい姿勢だと私は思う。私が知るかぎり、ルールを守る一流の人物たちはみなそうだったからだ。

本書を一度読んだだけで、「もうわかった」「だいたい自分はできているから大丈夫」——そう考えて、厳格に取り組まない人は、たいていが自信過剰だ。どんなことでも軽々とできる人など存在しない。知っているからといって、それが実践できるというのとは別の問題だ。**だから、最初のうちはすべてのルールを文字通りに実践しよう。これが基本だ。**

しかし、ルールが自分のものとなり、自然に実践できるようになったら、今度は少し肩の力を抜いてもかまわない。この段階に達したら、本当にごくたまにではあるが、ルールを破ったほうがいい状況に遭遇することもありうる。ルールをマスターしたうえで、本能が「ここはルールに従うな」と告げるなら、本能に従っていい。

ルールを破るような状況はめったにないが、私もたまにはルールを破る。ルールによると、誰かを意図的に人前で辱めるのは間違っている。しかし私は、今までの人生で2回だけ、人前で恥ずかしい思いをしたほうがいいという人物と出会ったことがある。彼らのひどい行いを止めるには、そうするしかなかった。だから私は、あの2回は自信を持ってルールを破った。

結局のところ、最後はやはり直感がものを言う。最初のうちはルールを厳格に守る。**やがてルールが完全に身につき、第二の本能になる。そうなったら、自分の直感を信じよう。**折に触れてルールを読み直し、忘れていることや、誤解していることがないか確認し、自分が苦手なルールに真剣に取り組んでほしい。いずれ自分の判断に自信を持ち、直感のほうが本よりも頼りになると確信できるようになるだろう。

あなたの人生に幸あれと願っている。

おわりに　あなた自身のルールを創ろう

ご存じのように、ルールを発見するのはなにも私だけに許された能力ではない。誰でも周りの人たちを観察し、彼らが活用しているルールの中から自分にとっても助けになるものを創り上げることができる。だから、新しいルールを探し、創り続けよう。

「よいルールの基準は何だろう」と疑問に思うかもしれない。そこで、あらゆる人にとって役に立つルールの原則を紹介しよう。

ルールとは、単なる便利な裏技ではない。色違いの付箋紙を貼って整理すればわかりやすいとか、フロントガラスの氷を溶かすスプレーは車の中ではなく家の中に保管するとか、そういう話ではない。

たしかにどれも役には立つが、私の考える「ルール」とは違う。

よいルールとは、態度や考え方を変えるきっかけになる力を持つルールだ。よいルールを活用すれば、今までとは別の角度から問題や状況に対処することができるようになる。

新しいルールを、あなたの中だけにしまっておくのはもったいない。ぜひ周りの人たちにも話し、それにもしよかったら私のフェイスブック（www.facebook.com/richardtemplar）にも投稿してもらいたい。投稿するルールはひとつでもいいし、あるいは自分のトップ5というような形でもいい。

ちなみに、**自分のルールを他の人にも教える際は、まず内容を説明し、それからひとつかふたつの実例を加えるといいだろう。**

そうすれば、そのルールがどう役に立つのかが具体的にわかり、相手も自分の人生で活用しやすくなるからだ。

ルールはルールだ。誰が見つけたか、誰が記録したかということは関係ない。あなただけでなく、他の人たちにとっても役に立つのなら、公開する価値がある。

それに、もしかしたら私が、いつか投稿されたルールを集めて一冊の本にすることもあるかもしれない。いつかそんな日が来ることを楽しみにしている。

リチャード・テンプラー

できる人の最強ルール101

発行日　2024年11月22日　第1刷

Author　リチャード・テンプラー
Translator　桜田直美
Book Designer　竹内雄二

Publication　株式会社ディスカヴァー・トゥエンティワン
〒102-0093　東京都千代田区平河町2-16-1 平河町森タワー11F
TEL　03-3237-8321（代表）03-3237-8345（営業）
FAX　03-3237-8323
https://d21.co.jp/

Publisher　谷口奈緒美
Editor　三谷祐一（編集協力：石橋和佳）

Store Sales Company
佐藤昌幸　蛯原昇　古矢薫　磯部隆　北野風生　松ノ下直輝　山田諭志　鈴木雄大　小山怜那
町田加奈子

Online Sales Company
飯田智樹　庄司知世　杉田彰子　森谷真一　青木翔平　阿知波淳平　井筒浩　大崎双葉　近江花渚
副島杏南　徳間凜太郎　廣内悠理　三輪真也　八木眸　古川菜津子　斎藤悠人　高原未来子
千葉潤子　藤井多穂子　金野美穂　松浦麻恵

Publishing Company
大山聡子　大竹朝子　藤田浩芳　三谷祐一　千葉正幸　中島俊平　伊東佑真　榎本明日香
大田原恵美　小石亜季　舘瑞恵　西川なつか　野﨑竜海　野中保奈美　野村美空　橋本莉奈
林秀樹　原典宏　牧野類　村尾純司　元木優子　安永姫菜　浅野目七重　厚見アレックス太郎
神日登美　小林亜由美　陳玟萱　波塚みなみ　林佳菜

Digital Solution Company
小野航平　馮東平　宇賀神実　津野主揮　林秀規

Headquarters
川島理　小関勝則　大星多聞　田中亜紀　山中麻吏　井上竜之介　奥田千晶　小田木もも
佐藤淳基　福永友紀　俵敬子　池田望　石橋佐知子　伊藤香　伊藤由美　鈴木洋子　福田章平
藤井かおり　丸山香織

Proofreader　文字工房燦光
DTP　株式会社RUHIA
Printing　日経印刷株式会社

ISBN978-4-7993-3111-8